EVIDÊNCIAS DO REAL

EVIDÊNCIAS DO REAL
OS ESTADOS UNIDOS PÓS-11 DE SETEMBRO

coleção
ESTADO de SíTIO

SUSAN WILLIS

Copyright © Susan Willis, 2005

Copyright desta edição © Boitempo Editorial, 2008

Coordenação editorial	Ivana Jinkings
Editores	Ana Paula Castellani João Alexandre Peschanski
Assistente editorial	Vivian Miwa Matsushita
Indicação editorial	Maria Elisa Cevasco
Tradução	Marcos Fabris e Marcos Soares
Revisão	Luciana Soares
Capa	Antonio Kehl
Diagramação	Gapp Design
Produção	Marcel Iha

CIP-BRASIL. CATALOGAÇÃO-NA-FONTE
SINDICATO NACIONAL DOS EDITORES DE LIVROS, RJ.

W714e

Willis, Susan, 1946-
    Evidências do real : os Estados Unidos pós-11 de Setembro / Susan
Willis ; [tradução Marcos Fabris, Marcos Soares]. - São Paulo :
Boitempo, 2008.
(Estado de sítio)

    Tradução de: Portents of the Real : a Primer for Post-9/11 America

    ISBN 978-85-7559-110-9

    1. Cultura popular - Estados Unidos. 2. Atentado terrorista de 11 de
setembro de 2001 - Aspectos sociais. I. Título.

08-0497	CDD: 306.0973
	CDU: 316.72

Todos os direitos reservados. Nenhuma parte deste livro pode ser
utilizada ou reproduzida sem a expressa autorização da editora.

1ª edição: março de 2008

BOITEMPO EDITORIAL
Jinkings Editores Associados Ltda.
Rua Euclides de Andrade, 27 Perdizes
05030-030 São Paulo SP
Tel./fax: (11) 3875-7250 / 3872-6869
editor@boitempoeditorial.com.br
www.boitempoeditorial.com.br

Para Fred

SUMÁRIO

Introdução 9

A velha glória 17

Nós somos o antraz 31

Tudo que vai, volta 47

Somente o Sombra sabe 67

O maior show da Terra 85

¿Quién es más macho? 105

INTRODUÇÃO

Para comemorar o dia de Ação de Graças de 2003, Bush tomou um avião de seu rancho no Texas até o aeroporto de Bagdá, onde surpreendeu com um jantar as tropas estacionadas no Iraque. Como a maioria dos feriados norte-americanos, o dia de Ação de Graças é a celebração da ideologia da família. Para nós, a guerra no Iraque é representada nos meios de comunicação como uma fissura no seio da família – crianças, parceiros e pais deixados em casa enquanto os bravos soldados cumprem suas tarefas no estrangeiro.

O evento constituiu um extraordinário golpe de publicidade para um presidente cujos assistentes sabem produzir imagens. Enquanto Ronald Reagan ficou conhecido como o presidente "teflon" devido a seu comportamento morno, "não aderente", George Bush é certamente o presidente digital. De fato, toda a sua carreira parece ter sido filmada diante de um fundo azul, crucial para a produção digital das imagens de um super-herói em ação. Se o Hulk pula sobre montanhas e o Homem-Aranha escala arranha-céus, George Bush avança – como um Cristo – em meio às multidões esperançosas. Em seus braços ele não carrega uma espada, sequer pães e peixes, mas uma travessa com peru assado.

Assim como o espetáculo dramático da chegada do presidente ao aeroporto para anunciar o fim dos conflitos no Iraque, a coreografia do dia de Ação de Graças também foi meticulosa. Do começo ao fim, tratou-se de um desfile para fotógrafos. Na verdade, o peru era falso, apenas um adereço de plástico. Enquanto Cristo alimentou os famintos ao produzir abundância a partir de um único pedaço de pão e de um punhado de peixes, Bush, por sua vez, presidiu tanto a distribuição em massa de um jantar de rações industrializadas quanto o engano em massa para as multidões em casa, que viram as fotografias do peru – da mesma maneira que nós vimos as fotos dos supostos depósitos de armas no Iraque – e confundiram o engodo com a realidade.

Quanto o presidente sabia e quando ele se deu conta da farsa? Será que ele apalpou o pássaro na bandeja e descobriu que era falso? Ele se sentiu um idiota ao distribuir uma refeição de plástico entre os soldados? Ou será que ele já sabia que estava interpretando um papel quando embarcou no Air Force One? (Afinal de contas, o peru teve de ser levado até Bagdá.)

Os Estados Unidos vivem sua história como uma produção cultural. A era pós-11 de Setembro, definida como uma época de incertezas diante de um Estado superconfiante e repressor, embora muitas vezes equivocado, testemunhou uma explosão extraordinária de formas culturais cuja função é explicar e conter a crise. A vida diária norte-americana é articulada por meio de uma série conflitante de ficções populares. Uma das mais persistentes é o faroeste, segundo o qual nosso presidente é um caubói que acena do seu rancho, tem problemas com termos mais refinados da língua inglesa e freqüentemente pratica a arte sofisticada de dirigir seus olhos apertados na direção do sol. Para enfatizar o jogo de cintura, o presidente aperfeiçoou um modo de andar no qual os passos largos exigidos pelas botas de caubói são equilibrados pelo peso de uma enorme fivela de cinto. Para reforçar o enredo, perseguimos nossos inimigos com a ajuda de cartazes de "Procura-se vivo ou morto" colocados, ao estilo do século XXI, no site do programa Rewards for Justice*.

Quando o faroeste se transferiu dos amplos espaços abertos para os salões e barcos do Mississippi, o gênero passou a incluir o jogo de apostas: nossa história de caubói do pós-11 de Setembro saiu do rancho para o cassino. No processo, a retórica dos cartazes de "Procura-se vivo ou morto" se degenerou na retórica do baralho dos "ases do mal". Desse modo, membros importantes, porém obscuros, do partido Ba'ath** tornaram-se conhecidos e familiares quando se transformaram em cartas de baralho. Saddam, é claro, virou o mortal ás de espadas. Como num concorrido jogo de pôquer, acabamos por encontrar um "ás na manga". Os jogos de cartas se tornaram tão populares entre os soldados que milhares de baralhos foram rapidamente produzidos para a venda nos Estados Unidos. Entretanto, a maioria dos norte-americanos não usou as cartas em jogos de pôquer com apostas altas. No lugar, preferiram algo mais próximo ao "52", um jogo infantil no qual as peças são simplesmente lançadas no ar até que os jogadores consigam pegar cartas suficientes para formar uma seqüência completa. Vence-se quando se pegou todas (55 no caso do jogo do mal – incluídos os curingas).

Mas o baralho dos "ases do mal" não foi o único meio pelo qual o jogo de azar entrou na cultura popular do pós-11 de Setembro. O notório "departamento governamental de golpes baixos" (Darpa)*** propôs um jogo de azar bem mais adulto:

---

*   Recompensas por Justiça. Programa do governo norte-americano que oferece pagamento em dinheiro por informações que possam levar à captura de terroristas. (N. E.)

**   Trata-se de um partido político árabe fundado em 1941 em Damasco e presente na Síria e no Iraque. Era a agremiação do ditador iraquiano Saddam Hussein. (N. T.)

***   Aqui a autora se refere de forma irônica à Defense Advanced Research Projects Agency (Agência de Pesquisa Avançada em Projetos de Defesa). (N. E.)

12 • Evidências do real

especulações no mercado de futuros do terrorismo – que maneira incrível de combinar as altas apostas dos jogos com os altos riscos das finanças contemporâneas! Na invenção de John Poindexter, cujo passado sombrio inclui negociações obscuras no Irã, os jogadores devem fazer apostas sobre futuros ataques terroristas. Desse modo, o nível das apostas supostamente ajudaria a determinar favoritos e indicar quais personalidades mundiais poderiam ser alvo de ataques. Segundo a lógica tortuosa de Poindexter, as agências de espionagem mais ortodoxas poderiam ter uma idéia clara de onde plantar escutas, proteções ou assassinos disfarçados. O protesto público rapidamente pôs fim à loteria da morte; mas o plano não morreu, foi transferido para uma página privada da internet onde podemos fazer apostas no jogo do terrorismo enquanto o governo espiona nossas escolhas.

Seguindo a lógica maleável dos gêneros populares, a narrativa do jogo de apostas rapidamente se transfere para a dos filmes de espião. Essa tendência já era evidente nos filmes de James Bond. No entanto, ao contrário do espião elitista dos romances de Ian Fleming, todos nós nos Estados Unidos podemos ser espiões, democraticamente vigiando uns aos outros. Pelo menos era esse o objetivo das várias versões dos programas Tips e TIA*, os quais prometiam "informação total". Por sorte, a maioria dos norte-americanos repudiou a perspectiva de que carteiros e funcionários das companhias elétrica e de água se tornassem espiões não oficiais. Muitos dos planos para fazer com que vizinhos espionassem uns aos outros foram rechaçados, mas seus últimos vestígios sobrevivem nos enormes avisos, co-

---

* Tips, sigla para Terrorism Information and Prevention System [Sistema de Informação e Prevenção do Terrorismo]; TIA, sigla para Total Information Awareness [Conhecimento Total da Informação]. (N. E.)

Introdução • 13

locados à beira de estradas próximas a Washington, que pedem para que os motoristas denunciem "atividades suspeitas". O que de fato salvou os cidadãos civis de uma vida de espionagem foi a tecnologia. Aqui, como na maior parte das atividades profissionais, ela substituiu o trabalho humano. Os programas TIPS e TIA foram internalizados, canalizados para sistemas de informação gigantescos que analisam incessantemente nossos dados para formar um perfil com base em nossas amizades, nos idiomas que falamos, nos livros que lemos – e por certo nas viagens que fazemos. Nesse ponto, a história de espião se transforma numa de ficção científica que já anuncia o instante em que o escaneamento de nossas retinas será democraticamente exigido de todos nós.

Os Estados Unidos formulam gêneros populares múltiplos, produzindo freneticamente ficções que procuram determinar quem somos e o que fazemos. Nosso momento histórico funciona como um cinema multiplex onde todos os gêneros estão em cartaz ao mesmo tempo. Mas a cultura popular não é simples. Muitas vezes meramente a engolimos, porém com freqüência ingerimos significados mais complexos do que aqueles dos enredos e personagens previsíveis. Os ensaios deste livro são tentativas de afirmar que a cultura é sempre mais complicada do que parece. Eles foram escritos com uma linguagem que procura capturar a dicção norte-americana. Há aliterações esquisitas que sugerem jogos de significados, palavras ambíguas, ironias e todo tipo de coloquialismo. Carregado pela linguagem, o leitor nada em um caldo cultural. Mas o discurso não busca o trivial ou o obscurantismo. Ao contrário, a dicção desmonta a cultura com as armas da cultura. Na maior parte das vezes, o 11 de Setembro foi analisado por observadores externos. De maneira incisiva, dramática ou provocadora, teóricos como Jean Baudrillard, Paul Virilio e Slavoj Žižek preencheram o vazio do nosso silêncio. Eles articularam os significados de nossa ca-

14 • Evidências do real

tástrofe enquanto lutávamos contra uma censura generalizada. Nosso presidente deixou claro que opiniões contrárias e críticas seriam consideradas indesejáveis. Os meios de comunicação hegemônicos rapidamente adotaram a linha do partido do governo. Apenas pequenas publicações simpáticas à esquerda deram espaço para tentativas sérias de explorar os significados e as implicações do 11 de Setembro.

Estes ensaios parecem inofensivos por olharem os ataques às Torres Gêmeas a partir da lente oblíqua da cultura. Além disso, cada um deles toma como ponto de partida um evento ou fenômeno que foi tratado de modo trivial ou reducionista. Os títulos anunciam a dicção norte-americana e apontam para as raízes mundanas de cada estudo*. "A velha glória" olha para o patriotismo de massa sob a rubrica do apelido que damos a nossa bandeira. "Nós somos o antraz" faz alusão a um lugar-comum da publicidade para examinar o fenômeno do antraz no contexto do consumo em massa de mercadorias. "Tudo que vai, volta" captura a lógica de um truísmo da canção popular para examinar os atiradores de Washington. "Somente o Sombra sabe" faz referência a um programa de rádio** dos anos 1930 para sugerir a essência do nosso governo paralelo***. "O maior show da Terra" relembra o circo para questionar o estatuto do risco e de seus

---

* No original em inglês os títulos dos cinco primeiros capítulos são: "Old Glory", "Anthrax Я US", "What Goes Around Comes Around", "Only the Shadow Knows" e "The Greatest Show on Earth". O título do último capítulo, *"¿Quién es Más Macho?"*, foi mantido em espanhol como no original. (N. E.)

** O programa em questão é *The Shadow* [O Sombra], narrativa das aventuras do super-herói homônimo na luta contra o crime. (N. E.)

*** No original, *shadow government*, "governo de sombras", gabinete alternativo cujos integrantes são a "sombra", o equivalente de cada membro oficial do governo. Pode assumir o comando do país caso o gabinete oficial seja impedido de governar. (N. E.)

Introdução • 15

perpetradores. E *"¿Quién es más macho?"* ecoa o "spanglish" comum em todo os Estados Unidos para levantar questões sobre séculos de sanções estatais a diversos tipos de violência.

Atiradores, ameaças de antraz, mágicos, governos paralelos: banais ou perturbadores, todos podem ser lidos como manifestações aleatórias da vida cotidiana nos Estados Unidos. Entretanto, eles são evidências inseparáveis da nossa realidade histórica mais ampla, manifestações que lhe dão corpo e figuração. E com a mesma insistência com que os Estados Unidos evitam as conseqüências da história, essa história nos persegue, sendo repetida em nossa cultura numa série de figurações. Este livro é uma cartilha sobre os modos de ler tais evidências como indicadores da nossa realidade.

A VELHA GLÓRIA

> Eles só querem mostrar seu patriotismo
> porque é tudo o que podem fazer.
>
> Vendedor de bandeiras em Durham, Carolina do Norte,
> entrevistado pela BBC World Service em 6 de dezembro de 2001

Imediatamente após os ataques ao World Trade Center, os Estados Unidos responderam com o rápido desfraldar da bandeira norte-americana. A ânsia por exibi-la inflamou-se graças à fotografia de três bombeiros que a hastearam – no estilo da famosa imagem produzida em Iwo Jima – sobre os escombros no sul de Manhattan; essa foto seria exibida nas páginas dos jornais de todo o país. O desejo de perpetuar a heróica imagem levou a companhia de desenvolvimento Forest City Ratner a encomendar uma estátua, feita a partir da fotografia, que será colocada na sede do corpo de bombeiros da cidade de Nova York. Subseqüentes pedidos para que a estátua refletisse as várias etnias das vítimas do atentado resultaram na decisão de criar uma versão na qual dois dos bombeiros brancos serão substituídos por figuras representativas das comunidades negra e hispânica.

Muitos dos norte-americanos favoráveis à inclusão dessas figuras não percebem que os bombeiros de Nova York – assim como a força policial – são quase exclusivamente brancos. O prefeito Giuliani, aclamado por todos como o herói do dia, além de ter sido eleito o "homem do ano" pela revista *Time*, reinou na cidade norte-americana de maior diversidade étnica com as mais excludentes das brigadas uniformizadas em termos raciais. O

18 • Evidências do real

desejo da nação de transformar a estátua dos bombeiros de Nova York em um emblema da diversidade é um reverso simbólico da política racista da cidade, fazendo da estátua também um ícone deslocado de outra brigada racialmente diversa: o exército norte-americano. Sob o disfarce dos bombeiros nova-iorquinos a estátua personifica a nação e sinaliza uma mudança do local para o internacional, do trabalho de recuperação para o trabalho da guerra. Como um significante que desliza, a estátua permite que a atenção nacional se mova do sul de Manhattan para as novas Iwo Jima em Cabul e Kandahar.

O desejo de incutir na estátua o espírito do multiculturalismo também serve para incorporar a população norte-americana não branca na bandeira da euforia, em contradição com o fato de a exibição ostensiva das bandeiras ser uma resposta predominantemente branca. A despeito dos comerciantes árabes que rapidamente hastearam a bandeira norte-americana em seus lares e estabelecimentos na esperança de desviar ataques de gangues enraivecidas de patriotas, a maioria dos bairros negros ou hispânicos não a ostentava. Incorporar as figuras de negros ou hispânicos na composição da estátua dos bombeiros até poderia dar o devido reconhecimento aos não-brancos que servem o país, mas seu maior intuito é passar a limpo a imagem da própria bandeira e do país que esta representa – ambos mais conhecidos, por essas mesmas populações, por estimular a estigmatização racial, patrulhar bairros com o auxílio de "La Migra"*, além de fazer o possível para evitar compensações pela escravidão.

Enquanto a atitude de muitos residentes e cidadãos não brancos é a de deixar que os brancos façam o que quiserem, o ato de

---

* Apelido dado pelos descendentes hispânicos ao órgão norte-americano de imigração e a seus agentes. (N. T.)

hastear a bandeira diz muito a respeito dos Estados Unidos que ressurgiram como uma fênix de suas cinzas para se recriar rumo ao século XXI. Essa visão geral sobre as bandeiras vai além dos clichês de "Unidos permanecemos"*, considerando as ideologias implícitas no império e no mercado livre de consumo – tudo desfraldado com a bandeira.

A bandeira não é apenas mostrada em posições fixas, em casas, viadutos ou fachadas de lojas, mas também se tornou um significante móvel. Hasteada ao estilo Iwo Jima no Marco Zero de Nova York, foi subseqüentemente levada ao Afeganistão, onde foi hasteada no aeroporto de Kandahar. Passando das mãos dos bombeiros para as dos fuzileiros navais, ela demonstra uma guinada nos interesses norte-americanos, distanciados das necessidades internas pendentes após os ataques de 11 de Setembro e voltados para políticas relacionadas às operações militares no estrangeiro, cuja repercussão doméstica é a militarização das frentes nacionais sob o disfarce de Segurança Nacional. O fato de essa bandeira gerar significados específicos em sua encarnação nova-iorquina e outros muito distintos em Kandahar faz dela um super-símbolo. De fato, em seu poder de evocar cura e perseverança em Nova York e retribuição em Kandahar, essa bandeira se apresenta como um significante vazio, capaz de designar inúmeros referentes sem que estes sejam percebidos como contraditórios. Como significante vazio, ela concentra o poder, inerente à mercadoria, de se tornar um fetiche. Assim como o Santo Sudário de Turim, ela exprime uma forma de patriotismo elevada ao nível da religião. Como objeto físico, se oferece em forma de relíquia – um substituto para um sentido mais propriamente materialista de história. Enquanto relíquia, ela personifica o fundamentalismo

---

* Do original em inglês, "United We Stand". (N. T.)

da Casa Branca de Bush, em que a distinção entre conservadorismo político febril e valores evangélico-cristãos é diminuta. Pode-se imaginar que a bandeira dos bombeiros continuará a circular, seguindo as forças especiais antiterroristas em todos os pontos críticos do planeta. A cada vez que for desfraldada, a bandeira consagrará um novo local, crucial aos esforços norte-americanos para assegurar a produção global e a distribuição de petróleo. A existência dessa bandeira confere, finalmente, sentido àquelas que compramos no Wal-Mart e no e-Bay, proclamando a possibilidade do objeto único, aquele que valoriza nossos investimentos de esperanças e desejos em nossa lamentável série de cópias degradadas.

Logo após a queda do World Trade Center, com os números dos investimentos comerciais em profunda desordem e a economia caminhando rumo a uma recessão que ninguém até então queria admitir, mandaram que fôssemos às compras. Comprar para mostrar que somos norte-americanos patriotas. Comprar para mostrar nosso caráter resiliente à morte e à destruição. Comprar porque na sociedade capitalista essa é a única forma de participação. Contrariamente aos apelos presidenciais para consumirmos, muitos norte-americanos escolheram doar sangue como forma de laço eucarístico de nossa vida e corpo com os atingidos e mutilados. O desejo de estabelecer contato físico com os outros, de descrever a comunidade na troca e circulação de sangue, contrasta com o modelo consumista da sociedade, no qual as pessoas se articulam como consumidores individuais ao invés de membros de uma coletividade. Ao mesmo tempo que esse modelo de comunidade aponta contrastes, ele já está sendo reciclado no consumismo: um grande número de escritores distópicos (Leslie Marmon Silko, por exemplo) começou a imaginar um mundo no qual os pobres são cultivados pelos seus orgãos, uma situação que se tornou realidade na China, onde compradores ricos podem dar lances em leilões de órgãos de prisioneiros sentenciados à morte que aguardam a execução da sentença.

Os norte-americanos lotaram os sites de doação de sangue até mesmo quando se tornou evidente que apenas poucos sobreviventes – de fato, poucos corpos – seriam resgatados dos escombros. Submersos num mar de sangue que jamais poderia ser utilizado dentro do período recomendado, os bancos de sangue estimulavam a população a adiar suas doações. O pedido para que as pessoas postergassem uma gratificação associada à solidariedade lançou um desafio a uma nação treinada para esperar os tipos de gratificação associados ao consumismo, no qual o prazer deve ser espontâneo e contínuo. Não é de se espantar que muitos tenham decidido hastear bandeiras como única forma disponível de proclamar um sentido de comunidade. De forma notável, a maioria dos norte-americanos não comprou uma "bandeira real", feita de tecido, nas dimensões especificadas e içadas a um mastro, mas preferiram, em vez disso, colar na janela do carro uma versão feita de papel ou colocar uma de plástico na antena do veículo. Será que anteciparam que a loucura das bandeiras teria destino semelhante ao da obsolescência de toda mercadoria, fazendo das versões de papel ou plástico as mais apropriadas? Ou intuíram que numa sociedade completamente definida pelo consumo o plástico é o material mais representativo? – de fato, não se pode ter um objeto verdadeiro (salvo o superfetiche que circula pelo globo com as forças especiais antiterror). Finalmente, a exibição das bandeiras enfatiza a importância da quantidade sobre a qualidade. Tragados e sufocados pelas bandeiras, nós as consumimos visualmente. Grande parte da paisagem norte-americana dá a impressão de que todos nós fizemos nossas compras em uma loja do Wal-Mart onde o único item disponível na prateleira era a bandeira.

Se por um lado a bandeira é um significante vazio, o contexto de sua apresentação a preenche com significado. Por exem-

22 • Evidências do real

plo, as bandeiras exibidas no Garden District* de Nova Orleans, todas de pano e com mastro, absorvem os significados gerados por seu contexto, definido pelo conforto e bom gosto da classe média local. O passeio de bonde pela rua Saint Charles evoca um percurso pela Embassy Row**, na qual todas as embaixadas exibem a mesma bandeira. Como um atestado do alcance global dos Estados Unidos, as vistas da rua Saint Charles evidenciam as novas alianças norte-americanas na luta contra o terrorismo, na qual cada um dos dissidentes problemáticos de cada nação se torna um pretexto para adotar a política norte-americana do "procure e destrua": a guerra russa contra os chechenos, a repressão chinesa de sua população muçulmana na província de Xinjiang e o esforço de Israel para exterminar os palestinos – todos implicitamente hasteiam a bandeira norte-americana do consentimento.

Muitos norte-americanos de distritos mais simples e proprietários de residências que não se comparam àquelas do Garden District, sem o orgulho excessivo daqueles que hastearam enormes bandeiras na entrada de suas residências, preferiram incorporá-las à paisagem da casa. Elas podem ser vistas brotando de canteiros e penduradas em àrvores – lugares que os guardiões das normas e regras relacionadas à bandeira provavelmente desaprovariam. Das bandeiras exibidas nos jardins das casas, a maioria foi colocada junto à caixa de correspondência de seu dono. Atada ao poste da caixa, à sua bandeirola vermelha ou colocada no chão a seu lado, a bandeira e a caixa de correio declaram uma

---

* Nos anos 1850, homens de negócios bem-sucedidos da época construíram suas mansões no distrito, das quais muitas ainda estão em uso, nos mais diversos estilos arquitetônicos. (N. T.)

** Referência à rua Massachusetts em Washington, capital norte-americana, na qual se encontram várias embaixadas e edifícios governamentais. (N. T.)

relação simbiótica que indica o inconsciente político da nação. Ao conectar a bandeira com a caixa de correio, damos reconhecimento simbólico aos trabalhadores dos correios mortos ou ameaçados, cuja exposição ao antraz foi tratada tardia e inadequadamente pelo mesmo governo que diz agir em nome dessa bandeira. Ao contrário dos empregados do edifício Hart Senat Office que, sob a ameaça de contaminação por antraz, foram examinados com cuidado e tiveram seus escritórios extensamente desinfetados, os trabalhadores dos correios foram ignorados de modo sumário, mesmo sendo evidente que a correspondência que levou antraz ao escritório do senador Daschle passou pelas mãos desses funcionários e pelos edifícios dos correios. Ao transformarmos nossas caixas de correio em santuários da bandeira reconhecemos que nosso país trata seus trabalhadores de maneira desigual – fazemos um gesto simbólico para restaurar a paridade dando reconhecimento àqueles que morreram negligenciados e em vão.

De longe, o lugar preferido para exibir a bandeira é o automóvel. Colada na parte interna da janela traseira, tatuada na pintura ou tremulando na porta de trás ou na antena, a bandeira nos carros faz de cada rua uma parada do 4 de Julho. Elas podem incentivar formas patrióticas de fúria no trânsito, uma vez que os motoristas dos carros ornados com o objeto tentam cortar aqueles tidos como menos patrióticos, dada a ausência da bandeira em seus veículos. Uma forma passivo-agressiva de fúria no trânsito se manifesta nos comboios de picapes que viajam a dez milhas por hora, criando uma longa fila de motoristas mal-humorados atrás. As várias formas de ira induzidas pela bandeira indicam a chantagem ideológica – não apenas para os aliados norte-americanos, mas em todos nós – do slogan "Se você não é por nós, está contra nós".

Nos dias imediatamente seguintes aos ataques de 11 de Setembro muitos norte-americanos que moravam em lugares dis-

24 • Evidências do real

tantes do Marco Zero foram às ruas em uma tentativa frustrada de se livrarem das notícias divulgadas pela cobertura 24 horas e em busca de outros compatriotas traumatizados. Uma vez que nos unimos em grande parte graças às nossas rodovias interestaduais e passamos um bom tempo de nossa vida cotidiana atrás do volante, não é de se estranhar que utilizássemos nossos carros na tentativa de nos conectarmos. Com o transporte público parado, o veículo particular foi nosso único acesso à liberdade de locomoção. A confusão nas estradas podia dramatizar todos os significados simbólicos normalmente atribuídos aos veículos – e por extensão às bandeiras que estes exibem. De maneira previsível, as maiores, mais numerosas e mais facilmente perceptíveis bandeiras são exibidas em picapes e utilitários esportivos. Mesmo quando "especialistas" do rádio e televisão só fazem desacreditar as frágeis vozes da esquerda que sugerem uma ligação entre a remoção dos talibás e sua questionável eficácia como administradores do oleoduto trans-uzbeque, nós, norte-americanos, mostramos com nossos carros equipados com bandeiras saber que a guerra contra o terrorismo é o código para a preservação de nossas rodovias interestaduais, nossos carros, nossos bairros de classe média e toda a rede petroquímica que nos alimenta e veste.

Enquanto a exibição da bandeira compartilha práticas rituais e significados (mesmo que seja no momento de hasteá-la e depois decidir quando será apropriado retirá-la), há um uso da bandeira que suplanta em muito todos os outros em seu aspecto ritual. Ele envolve as 6 mil bandeiras – muito provavelmente diminutivas – que foram enviadas ao espaço com astronautas norte-americanos a bordo da espaçonave Endeavour. Eles também levavam três grandes bandeiras, uma do World Trade Center, outra do Pentágono e a terceira da Pennsylvania State Capital, no esforço de consagrá-las para uso em missões mais terrenas. O número referente às bandeiras menores pretendia simbolizar as 6 mil vítimas, segundo as estimativas, do ataque ao World Trade Center. Que o número de vítimas tenha caído para metade do originalmente estimado significa que agora temos um excedente de bandeiras ritualizadas. Em vez de serem fretadas ao espaço e atiradas aos céus onde elas possivelmente ritualizariam o fim das tentativas teimosas de encontrar partes de corpos e moléculas de DNA no Marco Zero, essas bandeiras tinham como destino o retorno à Terra, trazendo com elas o peso morto da obstinada responsabilidade norte-americana de dar notícia do paradeiro físico de cada uma das vítimas. Vimos algo semelhante a essa macabra determinação na tentativa desesperada de resgatar os corpos submersos sob centenas de pés nas águas da costa da Nova Scotia, após a queda do vôo 111 da Swissair no mar, em 1998. Por que essa mania de reaver os restos mortais de entes queridos mortos em catástrofes, especialmente quando o que restou tende a ser irreconhecível, se não terrível?

Talvez sejamos guiados pelas possibilidades excitantes oferecidas por nossas próprias tecnologias. Procuramos as manchas de sangue porque podemos de fato identificá-las com acuidade graças às análises de moléculas. Somos uma nação apaixonada pela medicina forense para quem o Marco Zero oferece um palco real semelhante àquele do novo e bem-sucedido seriado televisivo *CSI: Investigação Criminal**. Faz alguma diferença que os fundos destinados ao uso de testes de ADN nos processos de muitos dos prisioneiros que aguardam o cumprimento de suas sentenças de morte tenham sido desviados para o Marco Zero? Claramente, algumas vidas – ou mortes – contam mais que outras, especialmente quando se pensa no Marco Zero, onde gran-

---

* *CSI: Crime Scene Investigation*, seriado que mostra o trabalho investigativo executado por uma equipe de cientistas forenses para desvendar crimes cometidos em circunstâncias incomuns. (N. E.)

26 • Evidências do real

des acionistas de seguros têm mais capital para receber do que aqueles que ganharão compensações governamentais. Em escala maior, para além dos prisioneiros e vítimas, os norte-americanos geralmente contam mais que o restante do mundo. As poucas mortes de cidadãos norte-americanos ocasionadas pelo bombardeio ao Afeganistão – calculadas conforme cada corpo era trazido de volta para cerimônias televisionadas – têm muito mais importância que a morte de quatro mil civis afegãos, que não foram computados nos cálculos da cobertura feita pela imprensa dos Estados Unidos. Essas vítimas sem rosto e sem nome têm um valor negativo comparável à dívida de uma nação do Terceiro Mundo com o FMI.

Desde o atentado de Oklahoma City, nossa imprensa tem feito um cavalo de batalha sobre a necessidade de "fechar" a nação. No caso do edifício Murrah Federal, esse fechamento só pôde ser obtido após termos encontrado, enterrado e homenageado cada uma das vítimas – quando então terminamos nosso luto com a execução de Timothy McVeigh. A busca desse fechamento alimentou os meios de comunicação, abarrotando as redes de notícias 24 horas por dia e perpetuando nossa necessidade de atingir – e possivelmente documentar – o que de fato acabou se tornando um evento psíquico coletivo com base num exercício coletivo de contabilidade. A responsabilidade pelas mortes põe o luto em uma folha de balanço na qual o fechamento em questão indica uma conta paga. E que dizer de uma equação desbalanceada? Ou possivelmente uma conta em aberto? E as incertezas fiscais que de fato definem nossas vidas e tipificam o crescimento exponencial do capital como um sistema baseado na especulação, no qual a falência é um fato banal? Desejando o fechamento de forma fanática, tentamos trazer a responsabilidade às nossas vidas cotidianas como um contrapeso fútil a um sistema que retalha a responsabilidade como uma folha de pagamento da Enron. O que se perde no desesperado desejo por fechamento como uma forma de corrigir o caos é a possibilidade de imaginar a morte como um final em aberto, um desaparecimento que absolve os vivos de uma ligação possessiva.

Em nossa resistência em deixar que os mortos simplesmente desapareçam, expressamos uma profunda antipatia cultural pela ambigüidade. Vivemos em um tempo de mentes restritas e obstinadas que não podem tolerar nada que lembre o desaparecimento simbólico. Como as companhias de seguro que detectaram falsos pedidos de indenização ligados ao 11 de Setembro, policiamos a morte com a exigência de provas. Assim como nossos mortos devem ser contabilizados, Osama bin Laden também deve ser encontrado "vivo ou morto". Para nós é intoleravelmente frustrante que o objeto de nossa perseguição militar escape à captura, enquanto sua imagem continua a aparecer em uma importante rede de televisão não ocidental. Da mesma maneira como escavamos os destroços do World Trade Center, peneirando seus escombros para descobrir manchas de sangue e partes de corpos, procuramos os fugitivos da Al Qaeda nas cavernas de Tora Bora. Uma cultura incapaz de vivenciar o desaparecimento como libertação e cuja paixão é reduzida ao literal tornou-se o epítome do fundamentalismo pelo qual condenamos o regime talibã.

As bandeiras transportadas ao espaço e trazidas novamente à Terra serão entregues às famílias dos que morreram no 11 de Setembro. Deixando de lado o desmesurado orgulho norte-americano que toma por certo que todas as famílias das vítimas desejarão uma bandeira, incluindo as famílias de estrangeiros e aquelas de imigrantes ilegais que estariam supostamente nos subterrâneos do World Trade Center, as bandeiras espaciais dão notícia de uma alegoria para o século XXI na qual a religião se imiscui à ciência e à tecnologia. Transportadas ao espaço, as bandeiras foram literalmente levadas para mais perto de Deus.

28 • Evidências do real

Teríamos nós regredido ao nível da criança que imagina Deus entre as nuvens em seu trono celestial? Ou imaginamos que as bandeiras, assim como o turista espacial Dennis Tito, foram enviadas à suprema viagem, significando a essência do *know-how* norte-americano tecnológico e científico como contrapeso ao *know-how* russo que Tito representava? Em sua jornada ritual, as bandeiras espaciais resolvem contradições e retornam à Terra trazendo consigo bênçãos religiosas e tecnológicas.

A distribuição das bandeiras espaciais entre as famílias das vítimas comemora a federalização do 11 de Setembro. Empregados de empresas do setor privado tornaram-se heróis de guerra com suas mortes. A transformação de empregados da rede privada em empregados públicos faz com que suas famílias sejam beneficiárias de compensação federal. Enquanto precedentes por tal compensação podem ser encontrados em pagamentos governamentais às vítimas de desastres naturais como enchentes, incêndios e terremotos, a federalização do World Trade Center tem o benefício político de nacionalizar o evento, proporcionando em troca uma conveniente base lógica à guerra norte-americana não declarada. Com 3 mil indivíduos que morreram por nosso país, quem entre nós se achou no direito de tomar uma firme posição contra o bombardeio do Afeganistão? Curiosas foram as contorções entre os editores e escritores de *The Nation*, o jornal da esquerda liberal com maior tiragem nos Estados Unidos, que promulgaram a dúbia categoria de uma "guerra justa". E, ainda mais, com o governo oferecendo compensação federal, quem entre as famílias das vítimas escolherá prescindir do pagamento certo para arriscar-se num processo legal levado adiante por meios particulares? Com seus atos irregulares, o governo compra o silêncio. Vale a pena eliminar a possibilidade de milhares de processos legais que poderiam não ter rendido a seus pretendentes mais dinheiro, mas que teriam revelado possíveis culpas no setor privado.

A velha glória • 29

Mesmo sem levar em conta a secreta matriz da CIA no complexo do World Trade Center, a grande maioria das vítimas morreu a serviço do capital financeiro global. Como as milhares de pessoas que perderam seus empregos e pensões porque apostaram seus títulos de operações a prazo na Enron, as vítimas do World Trade Center apostaram seus títulos em empresas-alvo que são o sinônimo do comprometimento do país com o capitalismo global. Iniciar um processo legal significa exigir que o *big business* seja responsabilizado.

Menos pomposas que as bandeiras espaciais e mais personalizadas que aquelas encontradas nos automóveis ou caixas de correios são as que ostentamos em nossas camisetas. Adornada como um brasão em nossos peitos, a bandeira se junta às bandas de rock e aos times esportivos, que também pedem nossa fidelidade por meio de um selo de aprovação na camiseta. A nação que condena a profanação da bandeira não mostra dúvidas quanto a transformá-la numa moda. Isso porque as injunções de uma sociedade calcada no consumo são apoiadas pela Bill of Rights*, na qual as garantias de liberdade de expressão do indivíduo foram estendidas às corporações como entidades individuais cujos atos discursivos incluíam, até recentemente, a utilização de contribuições financeiras em campanhas eleitorais** de formas distintas àquelas regulamentadas pela lei eleitoral, assim como logomarcas em camisetas.

Com bandeiras em nossas camisetas, expressamos o sincero desejo de adicionar nossa confiança individual ao empenho coletivo mesmo quando reconhecemos que o esforço norte-

---

* Conjunto de dez emendas à constituição dos Estados Unidos que restringe o poder do governo federal, protegendo os direitos, em território norte-americano, dos cidadãos, residentes e visitantes. (N. T.)

** No original, o termo recentemente incorporado à língua inglesa e aqui utilizado é *soft-money*. (N. T.)

30 • Evidências do real

americano se resume ao consumo de mercadorias e à garantia de sua distribuição mundial. Imediatamente após os ataques de 11 de Setembro, muitos anúncios de camisetas enfatizavam que elas eram *made in America*. Faria alguma diferença se nossas camisetas com bandeiras fossem feitas em *sweatshops* do Haiti, já que muitos dos produtos "oficiais" da Disney vêm de tais lugares, onde por vezes são feitos por crianças da mesma idade de crianças norte-americanas que consomem essa parafernália? Por sua trivialidade, a bandeira na camiseta materializa a circulação global da mercadoria. É o emblema mundano da aliança entre o mercado e o império. Finalmente, por toda a parte do mundo podemos comprar a América, mesmo que rapidamente se aproxime o dia no qual nada mais será *made in America*. Não importa; todos os cidadãos do planeta poderão comercializar nossas logomarcas. Nossos amigos e aliados podem achar *cool* vestir nossa bandeira, enquanto nossos inimigos a encontrarão no lixo das zonas de guerra de seus países, estampada nos fragmentos de minas, bombas e granadas – sinal de que a retribuição também é *made in America*.

NÓS SOMOS O ANTRAZ*

Após o 11 de Setembro, quando a nação ainda se recuperava dos ataques ao World Trade Center e ao Pentágono, os meios de comunicação, aparentemente insatisfeitos com a catástrofe ocorrida, começaram a espalhar o medo de que terroristas, tendo fechado o tráfego aéreo e a Bolsa de Valores, poderiam continuar seus ataques usando armas químicas e biológicas. Conseqüência ou causa, o fato é que os jornalistas da TV e do rádio logo viram seus temores concretizados em uma onda de correspondências com antraz, cinco delas verdadeiras e outras milhares fraudulentas. O impacto das incursões terroristas, dessa vez disseminadas pelas ondas de histeria sobre o antraz, se espalhou até os cantos mais distantes do país – a costa oeste, o sul, a zona rural, os subúrbios da classe média –, lugares que até então se consideravam alvos potenciais de baixo risco na lista dos terroristas. As ondas de choque desencadeadas pelos aviões que colidiram contra os centros econômicos e militares da nossa nação foram substituídas por ameaças, verdadeiras e imaginárias, de ataque biológico. O medo se espalhou e se ramificou, penetrando os

---

* O título original deste capítulo, "Anthrax Я US", joga com o duplo sentido de "US" em inglês, que pode ser lido como "nós" ou como a sigla para Estados Unidos [United States]. Nesse último caso, o título seria "O antraz é os EUA". (N. E.)

32 • Evidências do real

recessos mais mundanos dos Estados Unidos. As agências de correio das faculdades começaram a mandar para a quarentena os pacotes de biscoitos caseiros que recebiam; milhares de correspondências foram lacradas e armazenadas para testes futuros; diversos vôos comerciais foram redirecionados e forçados a pousar quando qualquer tipo de pó branco (na maioria das vezes, adoçante) era encontrado nas bandejas. Substâncias triviais da vida cotidiana – pó para pudim de baunilha, açúcar, farinha, talco – conseguiram fechar escolas e fábricas, reter correspondências e emperrar o ritmo usual dos negócios.

O país entrou em pânico. O pó branco aparecia em todo lugar. Os cidadãos tinham medo de receber e, sobretudo, de abrir suas correspondências. Órgãos governamentais, o serviço postal e os centros para controle de doenças demoraram em emitir recomendações preventivas. E quando a recomendação era feita, intensificava a preocupação pública. Ordenaram que procurássemos envelopes suspeitos: cartas sem remetente, combinações estranhas de selos, volumes injustificados, embrulhos inusitados e, sobretudo, o pó branco. Fomos avisados para lacrar a carta suspeita num saco plástico, bem como nossas roupas, e tomarmos banho imediatamente. Acompanhando o aviso, vieram centenas de outros trotes e alarmes falsos. As pessoas começaram a encomendar e estocar Cipro, o antibiótico então recomendado. Algumas pessoas, que nunca haviam sido expostas, começaram a tomar o remédio antecipadamente, apesar da advertência médica de que a droga produziria efeitos colaterais indesejados.

A paranóia atingiu seu apogeu com notícias reais de mortes causadas pelo antraz. Algumas das vítimas fatais – o jornalista do *Sun News* na Flórida, o trabalhador dos correios em Nova Jersey – eram mais facilmente identificadas como alvos potenciais de terroristas. Os funcionários dos meios de comunicação eram alvos óbvios, embora o *Sun News* tenha pouca importância em comparação com a NBC. Os trabalhadores dos correios foram alvos secundários que só entraram na história porque a correspondência era o meio de entrega do antraz aos alvos primários, tais como o escritório do senador Daschle. Racionalizamos suas mortes enquanto planejávamos nos manter à distância do governo, dos meios do comunicação e dos centros onde a correspondência é separada. Revivemos a experiência das crianças que, na Guerra Fria, computavam a distância de suas casas e escolas em relação a prováveis alvos de ataque nuclear. Alguns de nós compraram máscaras de gás para si e para membros da família, embora os peritos afirmassem que os esporos do antraz poderiam facilmente penetrar o filtro da máscara. Todas as nossas estratégias de criação de uma falsa sensação de segurança desmoronaram quando Kathy Nguyen, funcionária de um hospital em Nova York, e Ottilie Lundgren, idosa que morava na zona rural de Connecticut, morreram após inalarem antraz. Onde elas se situavam no nosso mapa imaginário de proximidade do terror? Por meio de qual lógica poderíamos relacionar suas mortes aos alvos que considerávamos intencionais e, portanto, saber que não compartilhávamos de sua conexão fatal?

Na tentativa de controlar a histeria crescente, o presidente Bush advertiu que alarmes falsos de contaminação por antraz constituiriam uma "séria ofensa criminal"[1]. Os golpistas foram ameaçados com a rubrica legal que penaliza por falsa denúncia de incêndio ou explosão. Nem mesmo a ameaça de sete anos de detenção os intimidou, embora tenha provocado a fuga de um deles: um pai que abandonou sua casa e fugiu com o filho pequeno depois de ter pulverizado pó branco no escritório da ex-esposa. Segundo consta, a mulher estava mais perturbada com o desaparecimento do filho do que com o pó branco no escritório[2].

---

[1] Discurso radiofônico, 3/11/2001.

[2] *Greensboro News Record*, 13/12/2001, p. B1.

34 • Evidências do real

Durante todo o período de trotes e alarmes falsos, que foi do fim de setembro até meados de dezembro, houve um deslocamento fundamental entre a ameaça séria de delito grave e as abordagens e motivos brincalhões que alimentaram a maioria deles. Enquanto certas peças eram pregadas por pura vingança – outro ex-marido enviou pó branco para o advogado de sua ex-mulher e um promotor público do condado de Cook (Illinois, Chicago) fez o mesmo com um colega de profissão[3] –, muitos alarmes falsos acabaram em risos ou com um HA HA HA![4]. Talvez os perpetradores estivessem fartos da cultura do "Tenha um bom dia" e quisessem expressar o lado negro, oculto e inconfesso de uma sociedade que gosta de exibir a face sorridente do consumo. Lembrem-se de que nesse período a Bolsa de Valores despencou e fomos incentivados a comprar, comprar e comprar para salvar a América. Entre os golpistas que não foram expulsos do mercado de trabalho pela economia em queda e pelo abalo das empresas aéreas e do turismo, havia um número razoável que queria simplesmente fugir do trabalho. Eles arriscaram a ameaça de incorrer em delito grave apenas para fechar depósitos e armazéns – até mesmo em uma linha de montagem da General Motors três trabalhadores prenderam ao pára-brisa de um carro em produção um envelope contendo pó branco e um bilhete rabiscado na sua versão do alfabeto árabe[5]. Num nível inferior, porém igualmente motivado pelo desejo de evitar a obrigação, diversos estudantes de todo o país enviaram ameaças de antraz na esperança de serem dispensados das aulas mais cedo ou se livrarem da lição de casa. Após uma série de golpes e brincadeiras nos EUA, notícias do antraz começaram a ser divulgadas por todo o mundo. Como era de se esperar, no fim da terceira

---

[3] *USA Today*, 6/11/2001, p. A1.
[4] *The New York Times*, 15/10/2001, p. B8.
[5] *Automotive News*, 29/10/2001, p. 51.

semana de outubro de 2001, nossos aliados ingleses já haviam recebido mais de quinhentas ameaças de contaminação por antraz, e isso somente em Londres[6]. Seguindo o modelo da globalização do mercado livre, ameaças de contaminação por antraz apareceram nos lugares mais remotos: em Nairóbi, Quênia; e em Amã, Jordânia; até o Paquistão, nosso mais recente aliado, também teve sua quota de alarmes falsos. Seria possível que o medo de ser percebido como "contra nós" na guerra contra o terrorismo tenha encorajado esses lugares tão distantes a manifestar uma demonstração solidária dos sintomas que definem nossa histeria? Na ânsia desesperada de serem considerados "a nosso favor", eles adotaram nossas fobias.

Na paranóia geral do outubro de 2001, muitos norte-americanos não se deram conta de que o golpe do antraz não nasceu no 11 de Setembro e muito menos com a carta que contaminou o escritório do senador Daschle. A Guerra do Golfo, de 1991, reacendeu a preocupação com as armas de destruição em massa e o medo de que Saddam Hussein tivesse testado o antraz como um dos componentes de seu arsenal. Quando fotos aéreas revelaram os campos iraquianos repletos de animais mortos, tivemos certeza de que eles haviam sido vítimas de arma biológica. Na década de 1990, o antraz esteve no pensamento das pessoas, mas, de algum modo, permaneceu adormecido até 24 de abril de 1997, quando um prato rotulado "Anthraschs" (sic) foi enviado para os escritórios da B'nai B'rith em Washington. O prato continha uma substância vermelha e pegajosa, que posteriormente provou-se inofensiva[7]. A cultura do alarme falso ainda não havia descoberto que o veículo predileto de transporte do antraz era o pó branco, mas percebeu rapidamente

---

[6] *The New York Times*, 22/10/2001, p. B6.

[7] *Bulletin of the Atomic Scientists*, v. 55, n. 4, jul.-ago. 1999, p. 7-13.

36 • Evidências do real

que as ameaças podiam causar confusão. No caso acima, funcionários e policiais que cruzaram a "zona de perigo" tiveram de remover suas roupas, tomar banho e se submeter à quarentena em um hotel local.

Em 1999, o antraz tinha se tornado o golpe do momento, superando em muito as ameaças de bombas e registrando mais de um trote telefônico por dia ao FBI. Parte de sua popularidade pode estar relacionada ao fato de a vítima ter de se despir, tomar banho e se submeter à quarentena. Imaginem a excitação perversa de se esvaziar uma movimentada loja de departamentos, obrigando compradores e funcionários a se dirigirem rapidamente para um chuveiro do lado de fora. Será que o autor do trote assiste de uma janela próxima ou vê tudo isso no noticiário da TV local? Talvez o mais perverso trote do período pré-11 de Setembro tenha ocorrido em uma clínica de planejamento familiar em Kansas, Missouri, quando uma ameaça de antraz forçou vinte pessoas a se submeterem a uma chuveirada do lado de fora do prédio, em meio a uma tempestade de neve e temperaturas abaixo de zero[8].

As clínicas de planejamento familiar têm sido os alvos do maior número de ameaças desse tipo, às vezes com conseqüências bem mais sérias do que as de uma simples brincadeira. É interessante notar que o governo deu pouca atenção a esse problema, talvez relutante em intervir nas práticas dos manifestantes antiaborto, cujo direito de cercar clínicas com seus piquetes e incomodar funcionários e clientes é garantido por lei. Somente após o 11 de Setembro, com o antraz verdadeiro e o falso espalhando terror por toda a nação, é que delegados de polícia prenderam Clayton Lee Waagner, que se autoproclamou membro do "Exército de Deus" e confessou ser culpado por mais de 550

---

[8] Idem.

ameaças de antraz contra clínicas de aborto. Aparentemente, Waagner enviava suas ameaças via FedEx, usando o número da conta das clínicas para pagar os serviços postais. Narcisista consumado, Waagner foi preso no momento em que navegava na internet em busca de manchetes de jornais, notícias e fofocas sobre ele mesmo. Se, por um lado, o procurador-geral John Ashcroft elogiou o funcionário que forneceu a informação para os delegados federais sobre o paradeiro de Waagner, ele mesmo já havia revelado opiniões mais ambíguas a respeito das ameaças numa declaração feita antes da prisão de Waagner. Jurando deter e processar os autores dos alarmes falsos de contaminação por antraz, Ashcroft declarou: "Eles criam alarme ilegítimo num período de preocupação legítima"[9]. O procurador-geral quis dizer que nosso alarme poderia ser ilegítimo? Ou ele ponderava a respeito da legitimidade do Exército de Deus em oposição ao nosso próprio exército, composto por soldados tementes a Deus?

Se o procurador-geral incluísse Freud entre suas leituras, além das consultas diárias à Bíblia, ele poderia reconhecer no antraz o retorno do reprimido. Na verdade, essa é a mais velha peste identificada pela ciência médica. Moisés pode muito bem ter sido o primeiro a usar a doença como bioarma. Hugh Pennington cita o livro do Êxodo para comprovar seu ponto de vista: aparentemente o Senhor disse a Moisés "para jogar cinzas em direção ao céu na presença do faraó". Quando o fez, "as cinzas se tornaram furúnculos que cresciam como bolhas nos homens e nas bestas"[10]. Nos tempos dos romanos, o antraz dizimou inúmeros rebanhos ao longo do Mediterrâneo. Mais recentemente, tornou-se objeto de experimentos conduzidos pelos nazistas, pela KGB e por nosso próprio aparato militar. O *bacillus anthracis*,

---

[9] *USA Today*, 6/11/2001, p. A1.

[10] *London Review of Books*, 29/11/2001, p. 26.

38 • Evidências do real

uma das mais simples formas de vida, atravessou os séculos com suas promessas de um apocalipse microbiano. E nós que pensávamos haver superado o flagelo e banido as pragas com o fim da Idade Média! Imaginávamos haver criado um novo mundo de agentes viróticos da destruição mais limpos e abstratos, aqueles códigos que se anexam aos e-mails do mesmo modo que se anexam ao DNA para causar falha generalizada do sistema. O HIV é tão fatal quanto o antraz, porém mais vagaroso e muito mais complicado. É uma doença digna de uma sociedade que progrediu da divisão do átomo à divisão e modificação dos genes. Em comparação, o antraz é simples e rápido. Transmitido por esporos, ele mata como os agentes de uma invasão alienígena de um filme B de ficção científica dos anos 1950. Aqui estamos, no despertar do século XXI, confrontados com a ameaça de extermínio por uma simples bactéria, lançados por um flagelo pré-moderno em uma calamidade histérica pós-moderna. Como a correspondência postal é o vetor de contaminação, é melhor que usemos a correspondência eletrônica, pois, nesse caso, são nossos computadores, e não nós mesmos, que correm risco.

Como assunto reprimido de uma era supostamente passada, o antraz assombra os subterrâneos do nosso presente sofisticado de classe média. Identificado no século XIX como a Doença dos Coletores de Lã, ele migrou da tecelagem industrial para se tornar o mal dos separadores de carta. Não por coincidência, alguns dos golpistas são trabalhadores dos correios: um deles, Clarence Lindsey, rabiscou "Antraz anexo"[11] em um embrulho da própria empresa. Conhecida na Grã-Bretanha ao longo do século XIX como uma enfermidade ocupacional, ela contaminou "açougueiros, funcionários de matadouros, trabalhadores do cais, vendedores de pele ou

---

[11] *Herald Sun*, 22/12/2001, p. A6.

couro, cabeleireiros, fabricantes de tapetes e escovas, guardas de zoológico e curtidores"[12]. O moderno golpista enlouquecido do antraz estaria mais próximo de uma versão biotécnica de Timothy McVeigh do que de um subalterno de Saddam Hussein. Na verdade, grupos de milícia de direita têm feito circular, há anos, livros e panfletos com títulos tais como *Biologia para arianos*, *Armas biotóxicas* e *Desenho e manufatura de armas biológicas avançadas*. Esses manuais explicativos encorajam o uso de agentes biológicos, em detrimento das bombas, por sua toxicidade letal e seus efeitos psicológicos devastadores[13]. A caça fanática do governo Bush por armas de destruição em massa no Iraque acabou por tornar invisível nossa própria indústria do terror biológico. Ao imitar as ameaças verdadeiras do antraz, milhares de golpistas dão expressão simbólica ao segredo mais bem guardado da nossa sociedade: o maior depósito de armas de destruição em massa fica nos EUA e não no Iraque. A verdade desses trotes é que o antraz, diferentemente da grande maioria dos nossos artigos de consumo, é verdadeiramente *made in America*. Se o antraz representa o retorno do reprimido, não é a história da luta da humanidade contra um flagelo natural que retorna para nos amedrontar, mas a clandestina e ultra-secreta produção de armas bacteriológicas em nossos próprios laboratórios.

O antraz mobiliza e combina dois tipos de temores na área da saúde pública. Um dos lados dessa equação é o medo do envenenamento coletivo; o outro, o pavor dos efeitos da poluição. O veneno é a arma característica dos desprotegidos e oprimidos. Mais eficientemente empregado pelos escravos de Santo Domingo, que utilizaram seu conhecimento das ervas locais

---

[12] *London Review of Books*, 29/11/2001, p. 27.
[13] *The New York Times*, 2/11/2001, p. B8.

para produzir elixires venenosos, nesse caso o veneno foi um instrumento de rebelião. Bem antes de Toussaint ter organizado um exército de escravos, o veneno criou confusão entre os latifundiários que tiveram sua comida e água envenenadas pelos próprios escravos. Mais recentemente, e numa abordagem mais leve, o veneno permeia uma variedade de gêneros de ficção popular. Como arma da ação secreta e dos fracos, ele é utilizado pelas mulheres em melodramas românticos, pelos espiões de romance de capa e espada e pelos assassinos sofisticados de romances policiais ingleses.

Apesar de suas associações com a ficção popular, o veneno também é um fato da vida industrial, vai dos solventes petroquímicos que absorvemos através da pele até o chumbo que inalamos e ingerimos. Substâncias tóxicas industriais contaminam o ar, a água e o solo. Não mais um agente isolado – o comprimido de cianeto ou a sobremesa com estricnina –, o veneno é parte essencial da poluição industrial. Na verdade, a poluição é veneno em forma ambiental. É a tinta à base de chumbo em casas mais antigas, a Bifenila Policlorada* no Hudson e a coluna de fumaça rica em partículas tóxicas que se ergueu ao sul de Manhattan, assinalando a localização do Marco Zero. Enquanto o antraz ameaçava os funcionários do escritório de Tom Brokaw em Nova York, centenas de milhares de nova-iorquinos – desde membros das equipes de limpeza a meros moradores – respiravam o ar carregado com toxinas que cobriu a cidade por meses depois do 11 de Setembro. Estranhamente, a grande maioria dos nova-iorquinos preferiu não deixar a cidade, em-

---

* Também conhecida como ascarel, óleo derivado do petróleo utilizado nas indústrias como isolante em equipamentos elétricos. Lançado ao meio ambiente, não se degrada de modo fácil. É considerado poluente persistente e bioacumulativo, além de possuir propriedades cancerígenas. (N. E.)

bora muitos não tivessem de trabalhar durante as semanas de densa poluição atmosférica. Aqueles cujos apartamentos se situavam nas adjacências imediatas do World Trade Center foram transferidos para hotéis, até então praticamente vazios devido à crise da indústria do turismo. Mais tarde houve discussões acaloradas a respeito do monitoramento daquilo que a Agência de Proteção Ambiental chamou de coluna de fumaça, sobretudo em relação ao anúncio de meados de novembro segundo o qual essa coluna não representava mais risco à saúde púbica. Moradores que haviam deixado o sul de Manhattan receberam o aviso para retornar aos seus apartamentos apenas para descobrir, quatro meses mais tarde, que o ar sobre Nova York ainda abrigava perigosos níveis de partículas tóxicas, uma mistura de chumbo, amianto, fibra de vidro e mercúrio. A aparente divisão interna na Agência de Proteção Ambiental, com os administradores negando a evidência dos dados de monitoramento, coincide com as pressões de uma companhia de seguros que não queria mais pagar todas aquelas longas estadias em hotéis. É de se admirar que um dos acusados de enviar uma ameaça falsa de antraz seja um funcionário público da área de proteção ambiental?[14]

A difusão sinistra de ameaças falsas envolvendo o antraz entrecruza-se com nossas preocupações mais comuns e diárias em relação à poluição. O trote do trabalhador da área de proteção ambiental articula a conexão implícita entre o antraz e a antracite, criando uma analogia entre a doença e o carvão na forma de bactérias. Derivando seu nome do carbúnculo preto que pode se formar sobre a pele de um indivíduo infectado, o antraz é chamado de *charbon* [carvão] em francês. Embora nem todos nós vivamos ou respiremos sob a coluna de fumaça tóxi-

---

[14] *USA Today*, 6/11/2001, p. A1.

42 • Evidências do real

ca de Manhattan, somos todos atingidos pelas partículas radiativas da indústria do carvão. O temido mal que afligiu gerações de mineradores – o pulmão preto – é uma variante da intoxicação por esse mineral cujo equivalente biológico metafórico é o antraz. Os milhares de trotes envolvendo o antraz (em meados de dezembro, o serviço postal tinha recebido 15.800)[15] nos ameaçam com o horror de esporos que se reproduzem no ar, bem semelhante à poluição em partículas decorrente da combustão do carvão, responsável por numerosas doenças respiratórias como a asma e o câncer de pulmão. Nem todos nós recebemos uma ameaça de antraz pelo correio, mas colhemos diariamente os frutos da combustão do carvão sob a forma de chuva ácida e gases provenientes do efeito estufa. O antraz resume a verdade de uma sociedade que se curva ao progresso e que se auto-sacrifica pela indústria. Como metáfora da poluição, os trotes envolvendo antraz desmentem tudo aquilo que nossa economia mais preza.

Como criptograma da nossa própria indústria bioterrorista e metáfora da poluição industrial asfixiante, o antraz é os Estados Unidos, nosso logo mais apropriado. Poderia ainda ser a marca de uma mercadoria mais conhecida do que a banda de *heavy metal* Anthrax. No mundo do capitalismo da mercadoria, em que grande parte da vida diária é encenada num fluxo de imagens, a definição de espetáculo de Guy Debord é um truísmo. No contexto de uma sociedade embasbacada diante do seu próprio espetáculo, o trote funciona contra-intuitivamente como a verdade que desmascara a mentira por nós considerada realidade. Divergindo dramaticamente de John Ashcroft, para quem as falsas ameaças de antraz levaram a um "alarme ilegítimo", o golpe pode ser um dos poucos in-

---

[15] *Herald Sun*, 22/12/2001, p. A6.

cidentes capazes de suscitar sentimentos verdadeiros em uma cultura que vive a pseudo-realidade da mercadoria. Mesmo a destruição das Torres Gêmeas foi rebaixada a um espetáculo, cuja réplica é exibida e transformada em memorial para ser difundida novamente pelos meios de comunicação em todas as ocasiões possíveis. Num excesso de realidade transformada em imagem, o trote enquanto mentira rompe com a complacência da vida diária. Ele nos arranca da nossa anomia e pede que indaguemos por que tantos cidadãos cumpridores da lei decidiram quebrá-la.

Não é possível que estejamos insatisfeitos! Não somos a nação dos bem abastecidos e tão distantes da necessidade que, em breve, morreremos de obesidade? Não somos a nação cujo contentamento se manifestou logo após o 11 de Setembro com um índice de 90% de aprovação presidencial? Será possível que os golpes envolvendo o antraz estariam mascarando um descontentamento latente, o reprimido humor negro da insatisfação?

Assim como admitimos a satisfação vazia da mercadoria – quão desbotada ela parece uma vez que a levamos para casa e a desembrulhamos – talvez pudéssemos reconhecer a natureza opaca do nosso presidente, legitimado por ordem da Corte Suprema. Assim como a fraude da mercadoria, poderíamos ver nosso presidente preparando seu próprio roteiro, junto com seu governo de sombras, numa refilmagem do *Dr. Fantástico*. Comentando a "fraude da satisfação"[16], Debord aponta para um infindável ciclo de consumo, com cada nova mercadoria criada com o intuito de superar a insatisfação da anterior. De modo semelhante, olhamos para um novo ciclo eleitoral, tentando ludibriar nosso desespero com a recém-aprovada reforma das

---

[16] Guy Debord, *Society of the Spectacle* (Detroit, Black and Red, 1977), tese 70.

44 • Evidências do real

finanças eleitorais. Na economia política da insatisfação do consumidor, o trote funciona como uma negação. Ele intervém em um ciclo de desejos abastecidos pela mercadoria cuja penetração do político se revela nas pesquisas de popularidade do nosso presidente e suas fotografias tiradas em escolas primárias. Ele é o incidente negativo que interrompe a dinâmica usual dos negócios. O trote não pode imaginar uma nova ordem política, mas ele emperra aquela que já existe.

O trote é uma manobra simbólica que mira o espetacular. É o irreal que evoca o real. Ele dá aos indivíduos descontentes um poder tremendo sobre outros indivíduos igualmente descontentes. De modo dramático, ele convoca a polícia, especialistas, toneladas de equipamento, os meios de comunicação; e lança todos para além de uma situação de normalidade, para uma nova, dura e cortante realidade de vida e morte. Ele fratura o tempo, rompe com a monótona linearidade temporal do trabalho ou da escola, todas aquelas horas que somamos e traduzimos em contracheques e impostos – o que Debord chama de a "infinita acumulação de intervalos equivalentes"[17]. Como uma ferramenta enfiada entre os dentes da engrenagem da opressão diária, o trote rompe com o tempo transformado em mercadoria. Seu produto é o não-produto do atraso. Tempo é dinheiro, seja no trabalho ou nas férias. Ganhamos e gastamos. O trote enfatiza a temporalidade negativa do tempo perdido. Cria um hiato, um oásis de antitemporalidade na tirania do tempo linear. É de admirar que muitos juízes tenham multado os golpistas do antraz na quantia monetária equivalente ao tempo perdido em virtude de sua brincadeira? Tais regras sugerem que nosso sistema não suporta a ausência de produção e tem de utilizar as multas como renda compensatória.

---

[17] Ibidem, tese 147.

MAS ISSO TUDO É UMA BRINCADEIRA, um evento coreografado. Como espetáculo, o trote traduz nossa experiência real em hiper-real. Segundo Jean Baudrillard, a simulação existe para criar a veracidade do real[18]. Para ele, a Disneylândia existe somente para que o resto de Los Angeles possa parecer a sua verdade antitética. No entanto, a sutileza da simulação é como Los Angeles, a volátil terra natal do sofrimento amoroso e da ilusão; nem a Disneylândia, o parque de diversões dos desejos transformados em temas, é real. Do mesmo modo, o antraz real e o falso dão sentido um ao outro. A fraude é produzida como se fosse real, e o real é produzido como espetáculo pelos meios de comunicação. Na verdade, os meios de comunicação exigem a diferença – ainda que indistinguível, exceto em seus resultados – entre o real retratado como espetáculo e a farsa vivida como real – ambos presos na réplica espectral que mina a realidade dos dois termos. É significativo que na longa lista dos golpistas do antraz não haja apresentadores de noticiários de TV ou rádio. Sua ausência responde pela fusão da indústria do entretenimento e das notícias, união banalizada a partir da assimilação das redes de comunicação pelos gigantes da indústria do lazer como a Disney. A decisão governamental de cancelar seus planos para um "Gabinete de Informação Estratégica", com o intuito de disseminar várias camadas de falsidade em todo lugar, menos nos EUA, simplesmente elimina uma redundância. Em uma sociedade que não distingue entre a informação equivocada e a real, a farsa serve como álibi para aquilo que tomamos como real.

O que há de mais real sobre os golpes do antraz é o fato de que a vasta maioria dos norte-americanos não os percebeu como

---

[18] Jean Baudrillard, *Selected Writings* (Cambridge, Mark Poster Polity Press, 1988), p. 172.

46 • Evidências do real

brincadeiras. Sob o manto do terror, suprimimos a comédia. Minutos antes dos ataques, ríamos com Molly Ivins sobre as impropriedades verbais do nosso presidente. Segundos mais tarde, nos tornamos sérios. Perdidos ficaram a sátira, a estratégia central das críticas liberais e de esquerda; a ironia, lugar-comum da condição pós-moderna; e até mesmo o sarcasmo, a amarga pílula da geração pós-punk. No lugar deles, o trauma, intensificado e perpetuado por meios de comunicação chorando suas lamúrias de forma obsessiva; e o fundamentalismo, uma adesão culturalmente redutora à interpretação mais literal de todas as coisas. O patriotismo se tornou a cura dos traumas e a demonstração do fundamentalismo. Como pacientes da ala psiquiátrica, fomos totalmente envolvidos e amarrados por um patriotismo tão onipresente que beirou o fascismo. Instruídos a controlar nossa língua, pensamentos e atos, abraçamos o bombardeamento militar do Afeganistão e a criação do novo Gabinete de Segurança.

Foi essa atmosfera que gerou os trotes do antraz. Com todos os caminhos para o humor bloqueados, o horrível e inocente pó branco começou a aparecer sobre escrivaninhas e em maçanetas. Um rumor, um murmúrio, uma dúvida, ele se espalhava por nossa correspondência enquanto agitávamos entusiasticamente nossas bandeiras. Em uma atmosfera de fundamentalismo na qual a crítica equivale ao terrorismo e todas as formas de terror são igualmente absolutas, fracassamos na interpretação dos trotes como atos simbólicos. Deixamos de ver nessa experiência a expressão de toda a profunda e comezinha insatisfação da vida diária. Pouca atenção foi dada aos caminhos intuitivos que os trotes sinalizaram, de modo a apontar abertamente os significados mais básicos da nossa cultura. No desdobramento do 11 de Setembro, perdemos a chance de interpretar os contra-significados dos trotes. Reféns do medo, optamos por não voar.

TUDO QUE VAI, VOLTA

Um mês após as homenagens aos milhares de mortos nos atentados às Torres Gêmeas, uma nova onda de terror se abateu sobre o país com os ataques promovidos por um atirador em Washington. Ainda que não se tratasse do cenário de uma grande catástrofe, cercado por toneladas de metal em chamas, as empreitadas do atirador causaram enorme incerteza, em grande parte pelo fato de as vítimas dos tiros certeiros terem sido escolhidas ao acaso. Pessoas comuns em suas tarefas cotidianas se transformaram em alvo, e os subúrbios de Washington viraram um grande campo de batalha. Sete pessoas foram atingidas nos três primeiros dias de ataque, uma "enquanto sentava em um banco de parque", outra "ao atravessar um estacionamento", outra "enquanto cortava a grama", outra "ao abastecer seu táxi", outra "enquanto passava o aspirador de pó no carro", outra "ao passar por uma esquina", e mais outra "enquanto colocava as compras no carro". Cada vítima era uma marca, congelada no visor do telescópio de um rifle, visualmente isolada de seu contexto, um alvo no exercício de um perito em armas. Outras seis ainda seriam mortas antes que os atiradores, John Allen Muhammad e John Lee Malvo, fossem finalmente presos. De um ponto de vista meramente numérico, treze mortos no espaço de três semanas não deveriam ser motivo de

48 • Evidências do real

surpresa num país que adora armas de fogo. Só em Los Angeles cerca de seiscentas pessoas morrem por ano vítimas de armas de fogo (a notória região de South Central contribui com cerca de vinte mortes por semana). Mesmo os atentados de Muhammad e Malvo poderiam ter passado em branco se eles não tivessem concentrado seus esforços em uma área relativamente restrita de Washington. Na verdade, outras séries de atentados anteriores na Louisiana e no Alabama, que foram posteriormente atribuídas aos atiradores, poderiam ter permanecido no limbo dos crimes não resolvidos, arquivadas como mortes acidentais. Foi somente devido à concentração dos ataques que os atentados adquiriram a proporção aterrorizante daquilo que Jean Baudrillard chama "uma singularidade [no] centro de um sistema de troca generalizada"[1].

Outubro foi um mês de incerteza sem tréguas, de um sentimento terrível de que qualquer pessoa poderia levar um tiro na cabeça ao parar num posto de gasolina. Os ataques criaram uma loteria da morte nos subúrbios afluentes. O cenário banal de uma rodovia, ou de um estacionamento lotado, e o cotidiano dos postos de gasolina, lojas e centros de compras foram transformados por uma nova atmosfera de risco. O manto de mal-estar soporífico que costumamos chamar de segurança foi rompido para revelar uma população tomada pelo medo e pela ansiedade. Os meios de comunicação e as autoridades ofereceram medidas paliativas que ao invés de acalmar as pessoas provocaram ainda mais incerteza. Disseram que a chance de ser morto pelo atirador era de uma em um milhão, e lembraram que as mortes em acidentes de trânsito são muito mais comuns do que as causadas por atentados desse tipo. Mas a probabili-

---

[1] Jean Baudrillard, *The Spirit of Terrorism* (Londres/Nova York, Verso, 2002), p. 9.

dade parecia bem maior, pois cada uma das vítimas era surpreendentemente parecida com qualquer um de nós. De modo irracional, tomados pela fé que temos na (boa ou má) sorte individual, sucumbimos à ansiedade causada pelos ataques. No auge dos atentados, o *USA Today* anunciou que os norte-americanos estavam mais preocupados com os ataques do que com a guerra iminente contra o Iraque ou com a crise da economia. Até as pessoas distantes dos epicentros dos ataques, em lugares como Montana, receavam que o atirador inspirasse imitadores em suas vizinhanças[2]. Nós, a sociedade do individualismo crescente e da cultura da replicação da mercadoria (cuja contradição aparente encontrou sua solução no nascimento do primeiro clone humano), estamos condenados a temer que cada evento singular gere seus próprios duplicadores indesejáveis. Assim, imaginamos a rota do atirador num vai-e-vem que cruza diversos estados, de Maryland a Virgínia, e nos perguntamos se acaso ele não decidiria ir mais para o sul ou fazer algo realmente espetacular como tomar um avião até a costa oeste e reiniciar os ataques contra um novo grupo de vítimas. Nosso medo incrementou a aura do atirador. O FBI nos forneceu o perfil de um homem branco furioso, ao qual adicionamos a imagem apócrifa de uma perua branca deixando as cenas dos crimes. E com a chegada de cada novo dia, esperamos a notícia de um outro improvável – e aleatório – atentado.

A loteria de morte promovida pelo atirador não constitui a antítese, mas a contrapartida sinistra de todas as maneiras por meio das quais o capitalismo do mercado livre transformou nossas vidas num cassino. Após uma onda de escândalos, companhias como a Enron, a WorldCom e a Tyco faliram e, junto com elas, o futuro de inúmeros norte-americanos de classe

---

[2] *USA Today*, 24/10/2002, p. 3A.

50 • Evidências do real

média. Como numa cartada ruim em uma partida de pôquer, nossos planos entraram em colapso. Despesas médicas exorbitantes transformaram nossos idosos em jogadores de dado que apostam a vida na possibilidade de certos remédios ou procedimentos médicos serem "cobertos". E a política da "responsabilidade pela educação" transformou a educação numa loteria de Babel, com os pais da classe média num jogo de escolha entre as escolas *vouchers*, *charters** ou o ensino domicilial. Dos cinqüenta estados que formam a união, a maioria está lutando contra problemas orçamentários, com a Califórnia e Nova York no vermelho em bilhões de dólares. Não surpreende que 46 estados tenham criado loterias para complementar seus orçamentos. Para uma população cuja situação no trabalho e cujos direitos aos serviços sociais é bastante tênue, o Estado oferece "raspadinhas" que dão prêmios instantâneos e jogos de loto com prêmios milionários. É claro que as chances de ganhar na loteria são as mesmas de ser atingido pelo atirador. Mas ninguém se importa, já que as garantias constitucionais de vida, liberdade e busca da felicidade desapareceram, transformando a vida cotidiana num cassino. Aleatória, mas fatal, a bala do atirador é a prova de que o sistema é realmente baseado em um sorteio.

---

* As políticas de responsabilidade pela educação introduziram uma série de mudanças na estrutura escolar tradicional na esperança de tornar as escolas mais competitivas, em consonância com as exigências do "livre mercado". O sistema *voucher*, em parte inspirado pelas teorias do economista Milton Friedman, dá liberdade aos pais para a escolha das escolas onde seus filhos estudarão (ao contrário do sistema tradicional, em que o governo local determina para cada família uma escola próxima de sua casa); desse modo, as escolas "ineficientes" perderiam alunos e fechariam. O sistema *charter* livra as escolas públicas da regulamentação do governo de modo que elas possam funcionar como um negócio privado, desde que cumpram as metas de "produtividade" preestabelecidas. (N. T.)

A campanha de terror do atirador dirigiu-se aos subúrbios norte-americanos, revelando sua intensa atomização. Karl Marx descreve uma paisagem semelhante:

> Uma pequena propriedade, um camponês e sua família; ao lado deles outra pequena propriedade, outro camponês e outra família. Algumas dezenas delas constituem uma aldeia, e algumas dezenas de aldeias constituem um departamento. A grande massa da nação francesa é, assim, formada pela simples adição de grandezas homólogas, da mesma maneira que batatas em um saco constituem um saco de batatas.[3]

Será que Marx veria a região de Montgomery de modo diferente? O conjunto espalhado de rodovias, centros de compras, prédios de escritórios e condomínios forma uma paisagem de continuidade homogênea. Mais exúrbios que subúrbios, as regiões de Montgomery, Frederick e Prince George – vítimas dos ataques do atirador – são os lares de "uma tribo de pessoas que não habita as cidades, ou trabalha nelas ou tem qualquer contato com a vida urbana"[4]. Tendo fugido de subúrbios mais centrais e congestionados, seus habitantes se congregam em vizinhanças anômalas e fechadas, recentemente esculpidas a partir de fazendas ou terrenos de mata aberta. Uma vez instalados, eles se reúnem a fim de exigir mais estradas (para facilitar seu estilo de vida consumista) e menos crescimento (para preservar seu sonho de fuga). Mais ricos que as batatas num saco, eles podem ser identificados por seus telefones celulares e outros aparelhos eletrônicos que indicam sua inserção na indústria de

---

[3] Karl Marx, *O 18 Brumário de Luís Bonaparte* (Rio de Janeiro, Paz e Terra, 1978), p. 115.

[4] *The New York Times*, 10/11/2002, p. wk3.

52 • Evidências do real

informação, assim como as batatas figuram os frutos do trabalho do camponês.

Marx descreve o conjunto de camponeses franceses como classe em termos que poderiam ser aplicados aos habitantes que acabamos de descrever:

> Na medida em que milhões de famílias camponesas vivem em condições econômicas que as separam umas das outras, e opõem o seu modo de vida, os seus interesses e sua cultura aos das outras classes da sociedade, estes milhões constituem uma classe. Mas na medida em que existe entre os pequenos camponeses apenas uma ligação local e em que a similitude de seus interesses não cria entre eles comunidade alguma, ligação nacional alguma, nem organização política, nessa exata medida não constituem uma classe.[5]

As excursões do atirador revelaram uma rede de auto-estradas, estacionamentos e uma arquitetura de "conexões locais" incapazes de criar uma comunidade. A cobertura televisiva diária não teve clemência em sua tentativa de retratar uma multidão de indivíduos cercados que, de modo isolado, confessavam o medo de colocar gasolina, fazer compras ou comer fora. Sua angústia revelava um mundo onde tudo que era familiar tinha se tornado diferente e ameaçador. Arremessados bruscamente de sua existência mundana, eles se acharam em um pesadelo existencial semelhante à descrição que Jean-Paul Sartre faz do sentimento de ser apreendido pelo "olhar" do outro. Quem consegue ler *O ser e o nada* sem se lembrar da ameaça horripilante das casas pequenas – mundanas sob todos os aspectos, mas cujas janelas sinalizam os olhos do terrível

---

[5] Karl Marx, *O 18 Brumário de Luís Bonaparte*, cit., p. 115-6.

olhar objetificador? Quem não se lembra do buraco no estômago causado pela humilhação do homem pego espiando pelo buraco da fechadura? Essas experiências de Sartre na França nazista capturam o medo que o habitante do exúrbio sente da vigilância. O atirador, que pode estar espiando de qualquer lugar, congelando tudo e todos sob o olhar objetificador do visor telescópico de seu rifle, revela a verdade de uma população que sempre se vê como objeto do olhar crítico do outro. Enquanto o "olhar" do atirador produziu o medo e a redução das atividades diárias, o "olhar" do vizinho se manifesta na mania da casa certinha e do aspirador de pó usado nas minivans.

As incursões do atirador atingiram em cheio a realidade atomizada e descentralizada dos exúrbios, onde a classe social constitui uma categoria ambígua. Na medida em que seus moradores se separam de outras pessoas imperfeitas – os doentes, os sem-teto, os pobres, os ignorantes, os estrangeiros – eles têm uma experiência coletiva. Mas como trabalhadores, espalhados pelos setores de informação e serviços, e como consumidores, fetichizados pelo desejo de mercadorias, eles produzem uma identidade de estilos, mais do que de interesses de classe. Eles são um "nós" que reconhece a si mesmo como tal apenas quando apreendido por um terceiro – nesse caso, o olhar fixo do atirador. Isolada em seu paraíso fechado, cada pessoa "sente-se presa entre uma infinidade de existências estranhas, radicalmente alienada num mundo sem saída"[6]. Também na morte, cada uma das vítimas do atirador é imortalizada com um nome e uma fotografia – os índices alienados da individualidade – em *The New York Times*.

---

[6] Jean-Paul Sartre, *Being and Nothingness* (Nova York, Simon and Schuster, 1973), p. 542 [ed. bras.: *O ser e o nada: ensaio de ontologia fenomenológica*, Petrópolis, Vozes, 2005].

54 • Evidências do real

Para o morador dos exúrbios, a liberdade significa mobilidade, esta, por sua vez, foi grandemente restringida pelo atirador. Cada família, com seus diversos carros, sempre se locomovendo na direção de escolas e centros de compras, encontrou-se imobilizada, tendo de buscar refúgio em suas casas. As escolas se transformaram em prisões, "trancadas" para a proteção de seus hóspedes. Os jovens afluentes, acostumados com atividades esportivas, ensaios da banda da escola, festas de boas-vindas e passeios, foram trancados em suas salas de aula. Aparentemente, a ameaça externa do atirador superou as memórias de Columbine, episódio em que a escola, antes refúgio seguro, se revelou um campo de morte. Cercados e aprisionados, os moradores resmungaram sobre sua falta de liberdade em jornais cujas páginas incluíam notícias sobre o toque de recolher na Faixa de Gaza. Norte-americanos e palestinos "trancafiados", cada um a imagem invertida da realidade do outro. Foi desse modo que o atirador possibilitou que a classe média norte-americana tivesse uma experiência mais ou menos análoga (embora de grau bem diverso) àquela produzida por seu apoio às políticas internacionais dos Estados Unidos. Habitualmente desligada dos efeitos globais de sua política, a classe média norte-americana só pode conhecer a si mesma de modo indireto.

Ao escrever *O 18 Brumário*, Marx procurou documentar a dissolução da França revolucionária e sua transformação em um Estado burocrático. Central no processo foi a figura de Luís Bonaparte, cujo apoio principal era do pequeno proprietário rural que, por não constituir verdadeiramente uma classe, não podia "representar-se", devendo, portanto, "ser representado"[7]. George Bush, o filho, é nosso Luís Bonaparte. E assim como este último representou a história como farsa – o retorno

---

[7] Karl Marx, *O 18 Brumário de Luís Bonaparte*, cit., p. 116.

de Napoleão –, também o nosso Bush é um retorno farsesco da presidência do primeiro Bush, incluindo uma segunda Guerra do Golfo.

Ao estender a lógica da repetição como farsa ao virtual, Jean Baudrillard argumenta que a Tempestade no Deserto, a primeira Guerra do Golfo, é uma guerra que nunca aconteceu ("La Guerre du Golfe n'a pas eu lieu"). Embora, ele admite, como a guerra mais televisada da história, ela tenha "devorado espaço e tempo". E ela nos devorou também. Colados à tela da televisão, vimos Peter Arnette, da CNN, atolado em Bagdá enquanto mísseis explodiam atrás dele. Paramos para considerar o fato de que todas as outras imagens que estimularam nosso vício diário por notícias podiam ser produzidas pelo Pentágono? Precisamos da realidade de Arnette para dar credibilidade ao espetáculo. Fascinados, sentamos diante do televisor e assistimos a uma guerra que lembrava um videogame. Encorajados a apreciar todas as novas tecnologias utilizadas na Tempestade do Deserto, ficamos entusiasmados. Transformados numa platéia absorvida por uma guerra tornada virtual, conquistamos o "consenso de uma linha reta de encefalograma"[8].

Se a Guerra do Golfo foi noticiada como uma vitória fácil dos norte-americanos, não foi uma derrota fácil para o Iraque, onde 1,3 milhão de pessoas pereceu como resultado direto da guerra ou das sanções que se seguiram[9]. Mas a guerra teve um retorno para nós. De fato, os EUA podem ter de reconsiderar sua vitória devastadora à luz do efeito bumerangue da Guerra do Golfo. De acordo com depoimentos realizados no Congresso, "desde o fim da Guerra do Golfo em 1991, há um número

---

[8] Jean Baudrillard, *La Guerre du Golfe n'a Pas Eu Lieu* (Paris, Galileé, 1991), p. 7.

[9] Catherine Lutz, *Homefront* (Boston, Beacon Press, 2001), p. 255.

56 • Evidências do real

crescente de relatos de doenças crônicas entre os quase 700 mil soldados que serviram na Arábia Saudita, no Kuwait e no Iraque"[10]. Na preparação de uma guerra suja, estimulados pelo temor de que os iraquianos usariam armas químicas ou biológicas, os militares norte-americanos inocularam seus soldados com coquetéis de drogas experimentais. E para explodir os tanques iraquianos, o Pentágono usou artilharia radioativa. O resultado é uma população de veteranos cujos sintomas crônicos incluem "perda de memória, fatiga, dores nos músculos e nas juntas, insônia, tosse, suores noturnos, diverticulite, diarréia, pedras nos rins, sangramentos, inchaço nos olhos, reações alérgicas, amortecimentos, depressão e irritabilidade"[11]. Contrariando o peso dos depoimentos dos veteranos no Congresso, a posição do governo é de que a Síndrome da Guerra do Golfo não existe.

Assim como a Guerra do Golfo retorna para nos perseguir na forma de doenças, John Allen Muhammad, o atirador, é nosso anjo da morte que retorna dos campos de batalha para distribuir entre a população civil os frutos de sua perícia com as armas. Na verdade, Muhammad não foi um combatente na Tempestade do Deserto, mas um engenheiro, e, portanto, uma espécie de trabalhador privilegiado. Não contente em arrasar fortificações iraquianas e construir estradas, Muhammad praticava tiro ao alvo e freqüentemente ganhava prêmios por sua habilidade.

Embora os EUA estejam sempre prontos para encontrar soluções militares para dilemas que, no fundo, são de natureza política e econômica, desde o 11 de Setembro tem havido alguma discussão sobre os motivos que criam tamanha hostilidade

---

[10] 1991 Union Calendar n. 228, 105th Congress, 1st Session House Report, "Background".
[11] Ibidem, p. 120.

contra os norte-americanos. É claro que George Bush insiste no fato de que os terroristas odeiam nossas liberdades – enquanto sua administração está ocupada monitorando essas liberdades por meio do Departamento de Segurança. Mas não há nada a temer, pois com canalhas como John Pointdexter e Henry Kissinger – ambos há pouco ressuscitados com fichas limpas – a liberdade há de necessariamente prevalecer. Entretanto, alguns poucos jornalistas do contra foram audazes o suficiente para sugerir relações entre o imperialismo norte-americano e os ataques terroristas. Até mesmo a palavra "Império" reapareceu, embora não haja indícios de que qualquer um dos protagonistas dessa história tenha lido o livro de Hardt e Negri*. Quando o Império é mencionado, há uma tendência de confundi-lo com o imperialismo que produz um mapa de postos militares norte-americanos em lugares como Djibuti, Casaquistão, Qatar e Afeganistão. O imperialismo é visto como algo necessário, até mesmo benéfico para a saúde mundial – não obstante todas as quebras de tratados ocasionadas pela unilateralidade norte-americana.

Se a discussão sobre o imperialismo dá uma leve guinada à esquerda, permitindo que alguns liberais se manifestem, a culpa se transforma em autocrítica. Os dedos são apontados de modo constrangido na direção de todos aqueles bandidos perigosos – como Bin Laden – que havíamos financiado em nossa anterior encarnação como o "guerreiro salvador do mundo". Os liberais cunharam termos como "blowback"** e "bumerangue" para explicar por que fomos atacados. Essencialmente, colhemos as recompensas de nossos maus investimentos.

---

* Michael Hardt e Antonio Negri, *Empire* (Cambridge, Harvard University Press, 2000) [ed. bras.: *Império*, Rio de Janeiro, Record, 2001]. (N. E.)
** Um "vento que sopra de volta". (N. T.)

58 • Evidências do real

O que é interessante sobre termos como "blowback" e "bumerangue" é o modo como eles procuram preservar uma noção de causa e efeito. Os norte-americanos projetam suas políticas pelo mundo, as quais, por sua vez, provocam certas reações que acabam retornando para os EUA. Trata-se da noção de "olho por olho" aplicada num mundo demarcado por uma idéia de aqui (o solo nacional) e acolá (o estrangeiro). Tal raciocínio não consegue apreender de que maneira o imperialismo norte-americano, com o advento do século XXI, constrói um império como um circuito contínuo e globalizado de controle e dominação. Não há um "aqui" e um "acolá", mas uma fita de Moebius em escala global. Comum na teoria lacaniana, a fita de Moebius "descreve o sujeito no qual a divisão aparente do consciente e do reprimido revela-se uma unidade de escrita em um lado contínuo"[12]. De modo semelhante, o mundo definido pelo capitalismo global reduz a diferença na tentativa de produzir um circuito contínuo de produção e troca. Na lógica da fita de Moebius, aquilo que percebemos como uma dualidade – dentro/fora, signo/referente, eu/outro –, tudo enfim capaz de gerar uma contradição, é subsumido de modo sublime numa circularidade contínua. Num ensaio que também circulou o globo, Jean Baudrillard recrimina a altiva América e afirma, segundo a lógica de Moebius, que os terroristas do 11 de Setembro não constituem nossa "alteridade" absoluta, mas objetos de nossa própria criação. Ele diz que "o aumento do poder aumenta o desejo de destruí-lo. E criou sua própria destruição"[13]. De modo semelhante, nosso atirador não é um "outro", mas nós mesmos, nossa Guerra do Golfo local, pronta

---

[12] Anthony Wilden, *The Language of the Self* (Baltimore, Johns Hopkins University Press, 1968), p. 236.

[13] Jean Baudrillard, *The Spirit of Terrorism*, cit., p. 6-7.

para coletar os efeitos colaterais que essa guerra efetua diariamente na vida dos iraquianos e para denunciar a mentira da noção de uma guerra sem mortos, nosso seguro álibi tecnológico. Aqui/acolá, nós/eles, todos se tornam sinais num mapa global de uma guerra universalmente doméstica e universalmente aceitável.

O caminho que levou à nossa segunda guerra contra o Iraque gerou uma liturgia diária de ameaças: bombas em nossas cidades, antraz em nossa correspondência, recipientes portuários repletos de agentes químicos, bombas que explodem em usinas nucleares e causam reações em cadeia, represas que podem inundar cidades inteiras – imagens de destruição em massa tão presentes que perderam sua urgência. Como cúmplices, inventamos videogames que simulam a ação de armas de destruição em massa, com os quais nos divertimos enquanto assistimos à CNN e seus avisos persistentes sobre o perigo iraquiano. Apenas o atirador foi capaz de perfurar a banalidade da ameaça constante. Como o raio de uma realidade fantasmática, ele nos atingiu inesperadamente, deixando apenas cápsulas de balas e algumas notas ocasionais como prova de sua existência e evidência de que suas vítimas não haviam sofrido uma morte natural.

"Nenhum homem é um indivíduo: talvez fosse melhor chamá-lo de um singular universal."[14] É desse modo que Sartre considera a relação entre a liberdade individual e a necessidade histórica. "Totalizado e, portanto, universalizado por sua época, ele retotaliza sua época enquanto se reproduz em sua época como uma singularidade."[15] O atirador, uma liberdade isolada e aberrante, uma singularidade que driblou as tentativas do FBI de categorizá-lo, é ao mesmo tempo nossa verdade e a

---

[14] Jean-Paul Sartre, *L'idiot de la famille* (Paris, Gallimard, 1971), p. 7.
[15] Idem.

60 • Evidências do real

verdade de nossa época. Soldado/civil, negro/pai de um filho adotivo (filho de um imigrante, membro das "massas oprimidas e ansiosas para respirar livremente"), o atirador corporifica os valores familiares tão caros a nossa sociedade. Quem pode esquecer as fotos de Muhammad e Malvo nas primeiras páginas dos jornais, sentados no sofá num ambiente familiar, sorrindo largamente? As fotos apresentavam o par como retirados de um pôster, exortando a adoção dos modelos de comportamento masculino que a sociedade dominante tem encorajado os afro-americanos a adotar, desde que o relatório Monyham condenou os lares de mães solteiras como raiz da criminalidade e pobreza dos negros. Que curiosa a expressão, em todas as primeiras páginas dos jornais norte-americanos, da inefável descontinuidade entre uma fotografia que invocava uma relação pai/filho feliz e saudável e as manchetes, que os descreviam como dois frios atiradores. Todos os ideais de paternidade, tão caros a nossa sociedade, são elevados e retorcidos na figura de Mohammed para revelar uma sinistra antítese: Muhammad, o protetor que deu um lar ao imigrante órfão; Muhammad, que ensinou a seu filho o valor da nutrição adequada e do exercício físico; Muhammad, o mentor que ensinou a seu discípulo a arte do bom atirador; Muhammad, o treinador que reconheceu que o talento de seu filho poderia ser aproveitado na traseira de seu carro; Muhammad, o altruísta que permitiu que seu *protégé* compartilhasse das matanças. Assim, numa distorção que lembra a fita de Moebius, Muhammad revela sua universalidade paternal como uma singularidade assassina que não é aberrante na medida em que a utilização da força criminosa é a verdade mais fundamental de nossa nação.

Nosso mundo desviou-se drasticamente do caminho imaginado há mais de um século por Hegel, para quem a história se movia inexoravelmente na direção da Razão. Nosso mundo, assim como a razão do capitalismo global, move-se na direção do aperfeiçoamento da dominação de um superpoder. Onde Hegel viu certos "grandes indivíduos" capazes de compreender a trajetória da história para fazê-la "de acordo com seus próprios objetivos"[16], nós produzimos um anti-herói antitético cujos atos violentos revelam o curso de nossa história. Onde Hegel viu personagens da história mundial, a exemplo de Napoleão, como veículos para a realização da história, nossa história produziu um atirador. O atirador, que não representa nem a negação do mundo nem a sua contradição, manifesta uma "lógica da razão"[17] que não corresponde ao trabalho do Espírito, mas à banalidade do capital global.

Como veículo da história, o atirador imita e revela a realidade da nossa mais moderna tecnologia de guerra. Repentinamente, suas balas capturam a essência de nosso novo brinquedo de guerra, o Predador: um avião de vigilância pilotado à distância, armado com mísseis antitanques, que ataca alvos individuais sem aviso prévio, enquanto preserva a segurança total de seu "piloto", que o dirige de uma base localizada há milhas de distância. Foi desse modo que os EUA lançaram seu ataque sobre Qaed Salim Sinan al-Harethi, morto pelo Predador enquanto dirigia um carro, ocupado por mais outras cinco pessoas, no Iêmen. Tão remotos quanto os subúrbios de Washington, esses lugares distantes estão sob total vigilância. Qualquer um pode ser atingido por um míssil de longa distância, controlado a partir de um posto militar secreto.

Concretização perfeita do nosso momento na história, o atirador revela as manifestações do imperialismo norte-americano no cenário local. Com aviões de vigilância cruzando os

---

[16] Stephen Houlgate (ed.), *The Hegel Reader* (Oxford, Blackwell, 1999), p. 410.
[17] Ibidem, p. 413.

céus de Washington e grupos de agentes terrestres que incluíam 623 agentes do Bureau of Alcohol, Tobacco and Firearms, 600 agentes do FBI, 100 oficiais de polícia e 50 agentes do Serviço Secreto[18], a caçada ao atirador transformou uma ação policial em mobilização nacional. Os norte-americanos, embalados pelo mito da democracia, gostam de imaginar que o imperialismo é algo que acontece em outro lugar. Raramente nos damos conta da presença constante do aparato militar em nossas vidas. Entretanto, muitos de nós vivemos em cidades vizinhas de campos militares, como Tacoma, lugar onde o atirador já havia morado. Foi lá que os agentes do FBI desenterraram um tronco de árvore do seu quintal e o enviaram a Washington, onde as balas retiradas da madeira foram analisadas e comparadas aos cartuchos encontrados nos lugares dos ataques, há milhas de distância de Tacoma. Cidades militares como Tacoma sobrevivem precariamente a uma simbiose patológica entre cidade (local de descanso e recreação para os militares que estão fora de serviço e de vida doméstica para seus parentes) e base (a economia de bem-estar social mais viável em nosso país). Ao viajar a Tacoma para conhecer a vizinhança do atirador, um repórter do *The New York Times* comentou: "Impossível dirigir por Tacoma sem notar a natureza transitória de uma cidade-base e suas vizinhanças usadas e reusadas, com pessoas que se mudam sem que ninguém note"[19]. Aqui os exercícios práticos do atirador também passaram despercebidos, camuflados pelos estrondos bem mais fortes da artilharia pesada utilizada em Fort Lewis. Ainda menos substanciais do que as batatas no saco – os pequenos proprietários moradores dos exúrbios que marcam sua presença política por meio de

---

[18] *The New York Times*, 24/10/2002, p. A26.
[19] *The New York Times*, 26/10/2002, p. A31.

seus votos conservadores –, essa população móvel se torna invisível, até que um deles vai à megalópole para selecionar seus cidadãos-alvos.

O atirador habita uma fronteira frágil entre a vida civil e a militar que está se tornando rapidamente o destino de todo norte-americano. Seu carro, um Chevy Caprice de 1990 que ele comprou por 250 dólares, não chamava a atenção. Na verdade, os policiais o pararam dez vezes durante as semanas em que executou suas atividades e sempre o deixaram passar por seus bloqueios, pois nem ele nem seu carro apareciam em nenhuma base de dados pertinente. Como disse um repórter do *The Washington Post*, o atirador "se escondeu em plena vista"[20]. Ele dormia num prédio da ACM* ou em seu carro, comia brownies em lanchonetes e pedia pizza em um quarto de hotel barato. Como os terroristas do 11 de Setembro que se misturavam com o fluxo suburbano, o atirador era um homem comum. Refletindo sobre a banalidade da vida cotidiana nos EUA, que ofereceu "cobertura e camuflagem"[21] para os terroristas do 11 de Setembro, Baudrillard aponta uma cumplicidade que permitiu que os terroristas se escondessem à vista de todos. Ele pergunta: "Será que qualquer pessoa inofensiva não pode ser um terrorista em potencial? Se eles puderam passar despercebidos, então cada um de nós é um criminoso à solta (todos os aviões se tornam suspeitos)"[22], ou melhor dizendo, cada carro comum. Ao contrário de sua aparência mundana, o veículo do atirador era um automóvel híbrido que compartilhava das esferas civis e militares. A tampa

---

[20] *The Washington Post*, 4-10/11/2002, p. 10.

* Associação Cristã de Moços; no original YMCA (Young Men's Christian Association). (N. E.)

[21] Jean Baudrillard, *The Spirit of Terrorism*, cit. p. 19.

[22] Idem.

64 • Evidências do real

de aço do porta-malas foi perfurada a fim de permitir que o atirador efetuasse os disparos, desse modo o Caprice tornou-se um veículo de infantaria leve. Finalmente, a arma do atirador, uma Bushmaster XM-15, também possuía características militares e civis. De acordo com o fabricante, a Bushmaster é "uma versão civil do rifle militar norte-americano padrão, o M-16"[23], a escolha perfeita para um atirador treinado militarmente e operando num espaço civil.

Seu rifle, uma cópia civil de uma arma militar; seu carro, um veículo de infantaria leve; ele próprio, um ex-soldado vivendo numa cidade que é base do exército; seu *modus operandi*, um protocolo militar. O atirador sinaliza o avanço militar sobre a vida cotidiana e a transformação de nossas cidades em campos de batalha. É significativo que a categoria de soldado tenha sido segmentada e hibridizada para criar a noção de "combatentes ilegais". Enquanto os talibãs devem permanecer no limbo de Guantánamo, que é administrado pelo exército norte-americano, sem estar sujeito às leis dos EUA ou de Cuba, os soldados bumerangues Muhammad e Malvo foram entregues à Corte Federal.

Com a fita de Moebius global apagando as fronteiras entre campo de batalha/espaço nacional, soldado/civil, quem é, então, o inimigo? De acordo com a antropóloga Catherine Lutz, cada vez mais os civis correm o risco de se encontrarem na posição de inimigo. O fim do recrutamento compulsório profissionalizou o exército, que se tornou uma escolha, assim como a escolha da vida civil. Enquanto isso os civis são definidos como necessariamente fracos, dependentes do exército para sua proteção. Entretanto, muitos deles levam vidas bem melhores do que seus protetores no exército, criando um novo tipo de antagonismo de

---

[23] *The New York Times*, 25/10/2002, p. A23.

classe entre aqueles que preservam e protegem e aqueles que embolsam gordos cheques de pagamento.

Recentemente, na cidade/base de Fayetteville/Fort Bragg, quatro soldados, três dos quais de alta patente, retornaram da campanha do Afeganistão e mataram suas mulheres. Quando, após o choque inicial, surgiram as primeiras tentativas de explicação, os jornalistas e os especialistas militares ofereceram uma série de motivos, desde o químico (os efeitos colaterais de uma droga antimalária) até os psicológicos (desde uma síndrome de stress pós-traumático até as dificuldades específicas encontradas pelas famílias de militares). Foi desse modo que os meios de comunicação tentaram descrever o atirador – o lar desfeito, a ausência da figura paterna, o temperamento controlador e paranóico, a dificuldade de estabelecer relações duradouras. O que eles não mencionam é que todas as vítimas eram civis – pessoas retiradas de suas vidas cotidianas e colocadas no lugar do inimigo. Alguém se perguntou por que os atiradores, ambos negros, não demonstraram nenhum tipo de preferência racial na escolha dos alvos? Negro/branco, jovem/velho, homem/mulher – todas as nossas categorias usuais foram preenchidas com vítimas, anulando a possibilidade de classificar os atentados como "crimes de ódio". A única característica em comum dos alvos é seu status de civil. Como numa missão militar suburbana, o atirador acertou em civis, não como efeito colateral (pessoas mortas inadvertidamente pela proximidade do inimigo), mas como alvos escolhidos por falta de um inimigo mais bem definido – ou talvez porque os civis se tornaram o inimigo.

Os últimos dias da campanha do atirador coincidiram com uma outra história na fita de Moebius global: rebeldes da Chechênia invadiram um teatro em Moscou e tomaram centenas de atores e membros da platéia como reféns. O cerco se arrastou por dias, e as notícias sobre o caso geralmente apare-

66 • Evidências do real

ciam na página três do *The New York Times*, enquanto as histórias do atirador ganhavam a primeira página. O que impulsionou a história de Moscou para a primeira página foi a solução final dada à crise dos reféns. De modo inábil e brutal, os russos contaminaram o teatro com um gás venenoso cujo nome não foi revelado, asfixiando mortalmente tanto os rebeldes quanto os reféns. As notícias da guerra discreta do nosso atirador contra os civis, alardeada em todos os jornais, foi justaposta à notícia da guerra suja dos russos contra seus civis.

Se há uma verdade final transmitida pelo atirador, trata-se de nossa prontidão de abrir guerra contra os civis.

SOMENTE O SOMBRA SABE

Nos meses que se seguiram ao 11 de Setembro, o serviço postal norte-americano teve não apenas de enfrentar cartas infestadas de antraz, mas também de decidir sobre o que fazer com "pilhas de cartas endereçadas a Osama bin Laden"[1]. A maioria dessas cartas foi enviada para o Afeganistão até que os investigadores do Departamento de Justiça pudessem obter um mandato autorizando a apreensão do líder da Al Qaeda. Como grande parte das cartas jamais foi aberta (exceto talvez pelo próprio Osama), podemos apenas tecer especulações sobre seu conteúdo. Certamente muitas deviam trazer ameaças. Os norte-americanos, sofrendo o trauma do ataque e dispostos a tomar medidas imediatas, podem muito bem ter descarregado todo seu rancor e frustração em cartas endereçadas ao responsável pelo seu sofrimento e sua raiva . Será que existem invectivas suficientes na língua inglesa para expressar tamanho ódio? Talvez algumas das cartas estivessem contaminadas com antraz.

Entretanto, é mais provável que elas estivessem impregnadas de perfume. Não é de esperar que as diversas mulheres que contaram a seus analistas sobre o perturbador sonho de terem dormido com Bin Laden tenham aproveitado a oportunidade para escrever

---

[1] "Osama's Got Mail", *The Washington Post*, 28/9/2002, p. C3.

68 • Evidências do real

cartas de sedução ao terrorista? Será que o rosto sombrio e atraente de Osama arriscou um sorriso ao abrir uma carta de amor enviada por uma norte-americana? Ou será que tal carta foi o beijo da morte, uma violação ainda mais tóxica que o antraz?

Maldição ou sedução, as cartas sinalizam uma relação ingênua com o real. Numa época em que a maioria dos norte-americanos envia mensagens eletrônicas a colegas, familiares, amigos, companhias e instituições, uma folha (escrita à mão ou datilografada) dobrada e colocada num envelope, selado, endereçado e enviado representa uma ligação tangível com um real desejado. As cartas remetidas a Osama realizam um tipo de mágica amigável por meio da qual o terrorista fantasmagórico, aquele rosto terrível, visto nos vídeos transmitidos pela Al Jazira, se torna um homem de carne e osso. Do mesmo modo que milhares de crianças norte-americanas escrevem cartas ao Papai Noel e as enviam para o Pólo Norte, escrevemos cartas a Osama e as enviamos para o Afeganistão. A carta da criança procura confirmar a crença. Ela corrobora a realidade do Papai Noel por meio da lógica que equaciona uma carta real com um destinatário real. Do mesmo modo, Osama, misteriosamente místico para a imaginação ocidental, e o Afeganistão, tão remoto quanto o Pólo Norte, são circunscritos pelo molde do real por meio da existência das cartas.

Nossa era de fundamentalismos – tanto cristão quanto islâmico – é a era de uma literalidade obtusa, ancorada numa devoção ao real. Enquanto o século XIX deu origem às ciências forenses, popularizadas pela presença das impressões digitais nos romances policiais, podemos nos orgulhar de uma série de tecnologias que garantem nossa inscrição no real: identificadores de voz, de retina e de DNA. E, enquanto Marshall McLuhan há algum tempo chocou o mundo ao proclamar que "o meio é a mensagem", indicando que o significado já não estava naquilo que se dizia, mas no modo por meio do qual aquilo era dito, entramos agora num mundo onde o código é a realidade. O genoma humano é nosso significado. Num esforço de se manter a par dos avanços científicos, o recentemente criado Serviço Federal de Segurança já parece antiquado no momento de sua concepção. Na tentativa de construir um atalho para o real, ele compila informação sobre nós – nossas compras com cartão de crédito, nossas viagens, nossas mensagens eletrônicas, nossa ficha médica –, mas erra o alvo ao nos construir como uma soma dessas informações. Com nosso imaginário atolado no tédio da informação e o real reduzido ao esqueleto do código, corremos o risco de nos transformarmos em uma nação de sonâmbulos, ansiosos por recuperar o resquício da ordem simbólica em nossos sonhos.

Se uma leitura reducionista de Lacan considera que o simbólico, o imaginário e o real constituem categorias distintas, as cartas a Osama manifestam uma indistinção das fronteiras na qual o simbólico se impõe sobre o imaginário para revelar a existência do real. O resultado é uma versão do real que só existe como uma ficção. Numa série de ensaios sobre o estado do real no período pós-11 de Setembro, Slavoj Žižek recomenda que "é preciso ter a capacidade de discernir, naquilo que percebemos como ficção, o núcleo duro do Real que só temos condições de suportar se o transformarmos em ficção"[2]. Sem dúvida, os investigadores teriam sido capazes de discernir o "núcleo do real" se tivessem tido acesso às cartas. Certamente tal núcleo teria fornecido uma base para levar os autores das cartas ao tribunal – ou, numa virada para o irreal, ajudado a enviá-los ao limbo de cúmplices ilegais do terror. Infelizmente, tais núcleos teriam reduzido o real à banalidade. Muito mais interessantes são os núcleos que jamais nos serão revelados, aqueles imbricados na ficção particular do autor de cada carta.

---

[2] Slavoj Žižek, *Bem-vindo ao deserto do Real!* (São Paulo, Boitempo, 2003), p. 34.

70 • Evidências do real

O que persegue o mundo pós-11 de Setembro é o espectro do real, o horror de que possamos um dia exceder o código amarelo e os alertas laranjas até atingir em cheio o vermelho. Só então saberemos o que significa uma catástrofe real. Não só esses eventos esporádicos e isolados – um World Trade Center aqui, uma carta com antraz ali – mas o estrondo final que não apenas validará Bush, Cheney e Rumsfeld, mas também os aniquilará. A explosão final é tanto um fragmento da imaginação quanto a noção "do Real definitivo oculto sob camadas de véus imaginários e/ou simbólicos"[3]. Ao designar esta "a aparição definitiva"[4], Žižek argumenta que a noção de uma definitiva e absolutamente pura "Coisa Real é um espectro fantasmagórico cuja presença garante a consistência de nosso edifício simbólico"[5].

Em nenhum outro lugar a qualidade fantasmática do real fica mais aparente do que em nosso próprio governo paralelo. Ficamos atordoados – perplexos – quando descobrimos, após seis meses do ataque ao World Trade Center, que não apenas temos um governo paralelo, mas também que a sua "sede segura e secreta"[6] serviu de esconderijo para o vice-presidente Dick Cheney logo depois do 11 de Setembro. A base do nosso governo paralelo está em quarenta abrigos subterrâneos construídos em montanhas num raio de cem milhas de Washington, nossa própria Tora Bora. A localização de alguns desses lugares não é mais "secreta". Por exemplo, em monte Weather, Virgínia, há um esconderijo destinado ao porta-voz do Congresso, a chefes de gabinetes e oficiais da Suprema Corte. Longe de ser uma caverna no Afeganistão, o monte Weather seria um paraíso

---

[3] Ibidem, p. 46.
[4] Idem.
[5] Idem.
[6] "Secret of the US Nuclear Bunkers", *Guardian Unlimited*, 2/3/2002.

para os talibãs. Descrito como uma "pequena cidade"[7], o espaço inclui "vastos escritórios, espaço para abrigar os tesouros artísticos da nação, [e] acomodação para milhares de pessoas"[8]. O fato de que o espaço pode funcionar tanto como abrigo quanto como túmulo fica evidente por duas características: a existência de "um reservatório privado e de um crematório"[9]. Talvez nosso governo esteja planejando seu próprio martírio.

Além de monte Weather, há Raven Rock, o esconderijo subterrâneo para os militares que sobreviverem a um ataque nuclear a Washington. Lá podemos encontrar "computadores e aparelhos de comunicação, [...] uma barbearia (para cortes militares), clínicas médicas e dentárias, e uma capela"[10] (caso alguém deseje apelar a uma autoridade superior). As descrições dos móveis e equipamentos de todos os esconderijos caracterizam sua eficiência típica dos anos 1950. De fato, a construção de muitos dos abrigos foi iniciada na era Eisenhower, reproduzindo em escala ampliada os abrigos antinucleares que muitos norte-americanos construíram em seus quintais. Ao reinventar esses abrigos, nosso Estado pós-moderno trai sua nostalgia pela simplicidade da política do "nós contra eles" da Guerra Fria. Quem dera tivéssemos um inimigo claramente discernível! Daí a utilidade de Saddam Hussein, que nos permitiu evitar a incerteza obscura imposta por uma rede difusa de terroristas. O que poderia ser mais concreto do que um abrigo cavado no centro de uma montanha? Prova cabal da realidade do inimigo.

Os anos 1950, época da construção dos primeiros abrigos, representam algumas das nossas fantasias sobre a história e sobre um período anterior às mudanças sociais causadas pelo movi-

---

[7] Idem.

[8] Idem.

[9] Idem.

[10] "Notes from the Underground", *Village Voice*, 19/3/2002.

72 • Evidências do real

mento dos direitos civis e da liberação feminina, para não falar da Guerra do Vietnã. Imaginamos que nos anos 1950 a família nuclear realmente existia, uma miragem que transformamos em fato uma década mais tarde no seriado televisivo *Leave it to Beaver*. O programa nos fornecia a imagem da família dos anos 1950 como uma realidade memorável que continuamos a alimentar em nosso imaginário cultural por meio das típicas figuras da "mamãe" e do "papai". Basta visitar um restaurante na Disney World para encontrar "mamãe" em seu avental, servindo saudáveis porções de carne, batatas e, de sobremesa, gelatina. A cada momento a cultura requenta uma imagem da década de 1950 como uma realidade socialmente centrada. Contentes, os funcionários do governo paralelo são despachados de volta no tempo para seus esconderijos. Como atores numa novela super secreta, eles só podem dizer às famílias que estão em "viagem de negócios"[11].

É aqui que deparamos com o núcleo da realidade em meio ao subterfúgio. Trata-se dos privilégios do chefe da família patriarcal dos anos 1950, cujas idas e vindas a dona de casa não ousaria contestar. E tudo isso projetado no século XXI e recriado pelo governo paralelo pós-apocalíptico. Escondidos 24 horas por dia, em períodos de três meses, os funcionários são enterrados num purgatório burocrático e só podem sonhar com a liberdade que seus pares tinham nos anos 1950: o caixeiro-viajante cuja "viagem de negócios" incluía os passatempos de um hotel barato, cujo décor eficiente seria o cenário para os prazeres do uísque e da amante. O que será que as centenas de funcionários relegados ao esconderijo do governo paralelo fazem durante todo o dia – e toda a noite? Presume-se que nada, pois não constituem o governo real. Nenhuma das descrições das cavernas mencionam estoques daqueles filmes cuja princi-

---

[11] "Shadow Government is at Work in Secret", *The Washignton Post*, 1/3/2002.

pal função é levantar o moral, como *Duro de Matar 1* e *2* com Bruce Willis, ou, ainda mais explicitamente, *Armageddon*, no qual Willis salva a Terra de uma colisão catastrófica com um asteróide. Talvez, em consonância com a imagem dos anos 1950, os membros do governo paralelo só possam trazer consigo fotografias e vídeos de suas famílias. Como as crianças na Califórnia, que, além de faroletes, água mineral e lanchinhos nutritivos, costumam incluir uma fotografia de suas famílias em seus kits antiterremoto, os funcionários do governo paralelo são provavelmente forçados a viver a ideologia de um pânico cuja função é preservar a família como o núcleo da vida norte-americana. A entrada de Bruce Willis, ou mesmo de seus personagens, será proibida numa catástrofe real. Mas é possível que até as fotografias familiares sejam proibidas nos esconderijos. Afinal é preciso manter sigilo absoluto. Ao contrário daqueles ineficientes membros da Al Qaeda, capturados em meio a sua parafernália de revistas, cartas, fotografias, vídeos, telefones celulares e computadores portáteis, o governo paralelo norte-americano deve desaparecer de seus esconderijos sem deixar para trás nenhum vestígio. Como sombras do real, eles devem ser completamente anônimos.

Fecha-se assim o círculo que vai do concreto ao imaterial, do governo paralelo construído como referente real da ação simbólica de George Bush ao governo em Washington, tornado real sobre a base de uma sombra vazia. De modo semelhante, Žižek documenta "o paradoxo fundamental da 'paixão pelo Real': ela culmina no seu oposto aparente, num *espetáculo teatral* "[12]. Na véspera da posse de Bush, vários norte-americanos viam Dick Cheney como o poder real atrás do trono, o peso-pesado, o princípio de realidade por trás da figura do atrapa-

---

[12] Slavoj Žižek, *Bem-vindo ao deserto do Real!*, cit., p. 23.

lhado e incompetente chefe de Estado. Tal interpretação foi confirmada pelo próprio Bush quando (na típica oratória presidencial) ele explicou sentir "uma obrigação, como presidente, de tomar medidas para que no caso de um ataque a Washington haja garantias de continuidade do governo [...] Sendo essa a razão pela qual o vice-presidente seria levado para abrigos secretos"[13]. Nessa versão, o presidente é dispensável, um alvo visível, enquanto o vice-presidente é preservado como o núcleo da continuidade. Mas se Cheney passar a maior parte de seu tempo como herdeiro no subsolo, ele não corre o risco de ser esquecido? Porém, também é verdade que de vez em quando ele ressurge para ir a encontros igualmente secretos com executivos da área de energia, após os quais todos os documentos são destruídos ou escondidos. Assim, o peso-pesado se torna um fantasma e o peso-leve se torna real.

Numa palestra sobre a famosa peça dentro da peça em *Hamlet*, na qual o príncipe jura subjugar a "consciência do rei", Jacques Lacan propõe que essa cena da peça registra a verdade na ficção. Hamlet utiliza a peça para criar uma estrutura, uma dimensão da "verdade disfarçada"[14] como ficção para fazer com que Claudius se traia. Nesse caso, o real não é um núcleo, convenientemente concreto e discernível em nossas ficções, mas, ao contrário, constitui a própria estrutura de nossas ficções. Portanto, não é o que a peça narra (Claudius colocando o veneno no ouvido do rei), mas a cena como estrutura que revela a verdade sobre os impasses edipianos do príncipe dinamarquês. Ao assistir à cena, Hamlet apreende sua aliança com o assassino do pai e sua cumplicidade no desejo pela mãe.

---

[13] "Congress Not Advised of Shadow Government," *The Washington Post*, 2/3/2002.

[14] Jacques Lacan, *Le désir et son interprétation* (Paris, Édition de l'Association Freudienne Internationale, 2000), p. 286.

No caso norte-americano, a peça dentro da peça revela uma estrutura diversa. Não se trata mais do incesto de Édipo, mas do incesto de replicantes clonados. Na verdade, o refinado sistema de esconderijos subterrâneos não constitui nosso único governo paralelo. Semanalmente na rede NBC, a Casa Branca de Bush é relegada ao segundo plano pela presidência ficcional de Josiah Bartlett do seriado *The West Wing*, lançado durante a presidência de Clinton. A atuação de Martin Sheen como presidente concretiza um sonho da esquerda liberal. Enquanto Clinton se ocupava em instituir uma agenda econômica neoconservadora e colocar os últimos pregos no caixão do bem-estar social e da saúde pública, Jed Bartlett lutava para manter nossa rede de proteção social. Como *The West Wing* era claramente anti-Clinton, muitos espectadores sentiram que o seriado perderia sua relevância no mandato de Bush: o Bartlett ficcional e o Bush real se constituiriam como pólos opostos, incapazes de acender a chama dos desejos utópicos.

Se por um lado as narrativas de *The West Wing* constroem fantasias liberais, a chave real para a compreensão do papel que o seriado desempenha pode ser encontrada em outro governo paralelo ficcional. O programa *60 minutos*, da rede CBS, ressuscitou o quadro *Point, Counterpoint*; nessa nova versão Bill Clinton é colocado frente a frente com Bob Dole, em debates semanais. Neles, o ex-presidente e o ex-candidato à presidência analisam o governo Bush por meio de visões alternativas daquilo que já foi e daquilo que talvez poderia ter sido. Assim, os espectadores podem ter contato com toda uma série de realidades paralelas (Bartlett interveio e impediu heroicamente um genocídio como o que presenciamos em Ruanda), enquanto a narrativa sobre Bush é desmaterializada. Não se trata de descobrir qual presidência é uma ficção e qual é a real, ou mesmo de debater se o vice-presidente invisível é quem comanda o teatro de fantoches. Na verdade, é a estrutura de todos esses clones

76 • Evidências do real

que revela a verdade da presidência de Bush, ela própria produzida a partir de uma fraude nas eleições e da chicanice da Corte Suprema. Isso não significa que Al Gore surja como último bastião do real. Nem sombra nem real, Gore se tornou um tabu, o *homo sacer* do mundo político. A despeito de suas tentativas desesperadas de criar para si uma aparência de realidade ao ganhar peso, deixar a barba crescer e clamar publicamente contra a política de guerra do presidente, Gore perdeu a oportunidade de se tornar uma sombra quando suas chances políticas foram sumariamente pulverizadas na Flórida. Apenas replicantes e sombras reais podem brincar de ser presidente, pois a verdade da presidência é sua equipe de clones, cuja função é dissolver a realidade por meio de uma série de ficções.

A estrutura da clonagem não empresta sua verdade apenas à presidência. De fato, todos tivemos a oportunidade de estruturar nossas vidas cotidianas como clones do governo paralelo quando Tom Ridge, chefe do Gabinete de Segurança, sugeriu que convertêssemos um cômodo de nossas casas num abrigo nuclear improvisado. O conselho veio durante um dos alertas laranjas, quando os norte-americanos foram avisados da importância de vigilância extrema. Para canalizar nossas ansiedades na direção das compras construtivas e da manutenção do lar, Ridge nos alertou que a simples aplicação de uma camada de plástico e fita adesiva poderia selar um cômodo contra um ataque químico. O número de pessoas que saiu em desespero para comprar fita adesiva foi igual ao número de pessoas que começou a inventar piadas a respeito de fita adesiva. No final, Ridge retirou o conselho ao perceber que alguns norte-americanos poderiam buscar refúgio prematuramente, se escondendo em seus casulos de plástico e morrendo sufocados antes mesmo de terem a chance de testarem seus abrigos em um ataque químico real.

De longe, os melhores clones do governo paralelo foram os manifestantes contra a guerra que apareceram em passeatas vestido dos pés à cabeça com sacos de plástico e fita adesiva, transformando seus corpos em metáforas e ressuscitando o simbólico. Suas antíteses foram os manifestantes contra a guerra que correram a Bagdá para servirem como escudos humanos. Uma estratégia foi a de cercar Bagdá com uma parede de escudos humanos. A versão reduzida desse modelo colocou escudos simbólicos em áreas de ataque em potencial. Em ambos os casos, o corpo como escudo usurpa a metáfora e se oferece como uma oposição real (embora mínima) ao ataque.

Se por um lado o ataque ao World Trade Center matou 3 mil pessoas, por outro ele não conseguiu extinguir as importantes companhias de investimento sediadas nas torres. Isso se deve ao fato de que os negócios, diferentemente das pessoas, clonam suas operações em arquivos de segurança. Por exemplo, a "Fiduciary Trust perdeu 87 de seus 647 funcionários nas torres. [Mas] a despeito da trágica perda de vidas e do desaparecimento de sua infra-estrutura de equipamentos, a companhia se recuperou rapidamente e reiniciou suas operações de um centro de recuperação da Comdisco, em Nova Jersey"[15]. Comdisco é apenas uma das inúmeras companhias de gerenciamento de dados que oferecem um depósito seguro para os materiais que constituem o corpo físico de um negócio. A companhia líder nesse ramo é a Iron Mountain, que opera seiscentas filiais no mundo todo, oito das quais se localizam a centenas de metros no subsolo. Como os abrigos de nosso governo paralelo, as instalações da Iron Mountain também surgiram na época da Guerra Fria. Aparentemente devido à percepção de que era preciso salvar documentos, além de pessoas, do ataque soviético. Hoje a Iron Mountain oferece depósitos para (e se necessário os recursos para destruir) "todos os principais meios de difusão, incluindo papel, discos de compu-

---

[15] "Read this, Then Go Back Up Your Data", *Fortune*, inverno de 2002.

78 • Evidências do real

tadores, fitas, microfilmes e microfichas, gravações em áudio e vídeo, filmes e discos de leitura óptica, raios X e fotocópias"[16]. Ao contrário da crença popular, a era dos computadores não tornou o papel obsoleto, mas gerou uma necessidade maior desse suporte e de outros tipos de arquivos.

Uma das instalações recentemente adquiridas pela Iron Mountain é uma enorme mina de pedra calcária ao norte de Pittsburgh. Antigo depósito de documentos governamentais, essas instalações eram usadas como "depósito dos pedidos de todas as pessoas que algum dia tiveram um Social Security Number*"[17]. Agora suas catacumbas servem de túmulo para o Arquivo Bettman, com suas 75 milhões de fotografias. Localizada em um lugar com "temperaturas de -4ºF [-20ºC] e 35% de umidade relativa"[18], a mina de calcário garante vida eterna à imagem do jovem John Kennedy Jr. batendo continência diante do caixão de seu pai.

A tentativa de preservar a vida de nossos documentos em uma espécie de túmulo trai uma obstinada relação com o real, numa época em que as cópias constituem o carro-chefe do consumo. CDs e CD-ROMs, minidiscos e DVDs tornam as fitas VHS e cassetes tão obsoletas quanto os antigos discos de vinil. Mas em vez de superar a necessidade do original, a cópia anseia pelo real e exige que consideremos algumas cópias mais reais do que outras. Os documentos escondidos se tornam o real, embora (ou porque) jamais os veremos. No lugar, eles serão escaneados e transmitidos às nossas retinas por meio do computador. Seria esta a realização do sonho de Benjamin de uma obra de arte

---

[16] "Letter from the Chairman", 3/3/2003. Disponível em: <www.national-underground.com>.

* Documento que equivale ao Cadastro de Pessoa Física. (N. E.)

[17] "Butler County Hole in the Wall Becomes Acquisition Target", *Post-Gazette*, 12/6/1998.

[18] "History Goes Underground", *Presentations*, ago. 2001.

democrática? Segundo Benjamin, a reprodução mecânica da arte tem o poder de eliminar a aura da arte tradicional – o privilégio da unicidade – precisamente porque ela transporta a cópia ao "observador ou ouvinte em sua situação particular"[19]. Benjamin celebrou a cópia e viu nela "a tremenda destruição da tradição"[20], se opondo frontalmente ao fascismo e seu fascínio pela tradição. Como pós-fascistas e pós-modernos, elegemos algumas cópias privilegiadas como reais. Enterradas em minas que não mais atendem às necessidades da antiga indústria do aço e da posterior burocracia dos anos 1950, essas cópias se tornaram os referentes para milhões de clones que circulam em nossas casas, lojas, bibliotecas e instituições. Essencialmente, adentramos o admirável e virtual mundo novo, ao mesmo tempo que saltamos de volta para a caverna de Platão, onde a "verdade [é] literalmente nada mais do que as sombras das imagens"[21]. O conceito da caverna recoloca a noção da peça dentro da peça, mas dessa vez não a partir da perspectiva de Hamlet, mas daquela dos atores/espectadores da peça. Desconhecendo os modos por meio dos quais o contato entre o jogo de luzes e os objetos cria sombras, eles "vêem apenas as sombras"[22] e imaginam um mundo sublime onde a realidade é o imaginário. Entretanto, Platão, obrigado a destruir essa mistificação, mostra que as sombras são mera aparência. Ao contrário da caverna de Platão, a Iron Mountain nos permite superar a necessidade da desmistificação ao possibilitar que tornemos nossas sombras algo real.

---

[19] Walter Benjamin, "The Work of Art in the Age of Mechanical Reproduction", em Hannah Arendt (ed.), *Illuminations* (Nova York, Schocken, 1969), p. 221.

[20] Idem.

[21] *The Dialogues of Plato* (trad. B. Jowett, Nova York, Random House, 1937), p. 772.

[22] Idem.

80 • Evidências do real

E que melhor maneira de fazer isso que por meio da utilização de um radar doméstico, a última palavra em segurança? Desenvolvido como um dos milagres da Segunda Guerra Mundial, o radar foi transformado em mito nos anos 1950 para uma geração de crianças que confrontava as contradições da ciência e da tecnologia. Enquanto Disney se ocupava em eleger a energia nuclear como companheira da dona de casa ao produzir desenhos animados com aspiradores de pó e torradeiras movidas a energia nuclear, nas escolas as crianças eram treinadas para se esconder debaixo das carteiras caso houvesse um ataque. Na atmosfera de ansiedade da Guerra Fria, os professores de ciências encontraram certo alívio ao relatar a história de como o homem roubou o radar dos morcegos. Como Lévi-Strauss recontando um mito bororó, o professor explicava a mágica do morcego, que emitia ondas sonoras para detectar a presença de objetos. De fato, a física do morcego não confrontava a questão metafísica a respeito da percepção do objeto pela visão ou audição, ou mesmo a respeito de sua realidade. O radar pode nos fornecer uma sombra onde pensávamos não haver nada.

O radar, ao se tornar uma tecnologia que não se restringe ao uso militar (basta ver na internet a propaganda de centenas de aparelhos de radar e sua utilidade), oferece possibilidades ilimitadas de segurança para espaços privados. Se muitas casas hoje já são equipadas com sistema de iluminação externa sensível ao movimento, é bem possível que num futuro não muito distante a casa da classe média seja equipada com aparelhos de radar como o produzido atualmente pela Israel Aircraft Industries. Sua publicidade diz que ele é apropriado para "residências de oficiais"[23], mas o Minder, que pode ser instalado em uma cerca comum,

---

[23] Ver: <www.iai.co.il>, "Products & Services".

está pronto para ser democratizado e, assim, atender às demandas das famílias e seus espaços privados. Na verdade, o Minder é apenas um entre centenas de sistemas de radar leves e portáteis disponíveis, alguns projetados especificamente para serem instalados no teto de automóveis. Assim que o radar se tornar um acessório automobilístico padrão (como os sistemas de navegação GPS), os habitantes dos afluentes subúrbios norte-americanos poderão guardar suas pás e fitas adesivas e voltar sua atenção para a construção de um esconderijo móvel para toda a família. Até, é claro, que alguém, como o manifestante vestido com sacos plásticos e fita adesiva, aplique uma tinta anti-radar em seu corpo e se torne uma ameaça imaterial que o Minder não consiga traduzir em uma sombra.

Na realidade, invasões desse tipo acontecem com freqüência na Carolina do Norte, onde o exército conduz a Operação Robin Sage quatro vezes por ano. A operação, cujo objetivo é dar aos aspirantes a boina-verde o gosto de uma operação de guerra não convencional, é uma peça dentro da peça cujas conseqüências podem ser mortais. Segundo informações militares, dez das áreas centrais do estado – todas rurais e carentes em maior ou menor grau – fazem parte de um cenário imaginário, fazendo a vez de uma nação tomada por um governo repressor. A peça se inicia quando "cerca de duzentos aspirantes [são] colocados atrás das 'linhas inimigas' com o uso de pára-quedas, helicópteros ou aviões"[24]. Sua missão é derrotar o governo imaginário do país.

A diferença entre ficção e realidade é grandemente apagada devido ao fato de que civis locais são recrutados para atuar em diversos papéis. Às vezes, eles representam membros da resistência, mas podem também ser guerrilheiros aliados ao governo tirânico. Os uniformes não possibilitam distinguir entre civis e

---

[24] "Play Fighting", *The Wall Street Journal*, 26/2/2002, p. A1.

82 • Evidências do real

militares. Os membros do exército real podem usar camuflagem, mas como o roteiro pressupõe uma operação de guerra não convencional, eles também podem utilizar roupas civis. Do mesmo modo, os moradores locais, entusiasmados com seus papéis, muitas vezes compram seu próprio uniforme em uma das inúmeras lojas do exército. Dizem que alguns habitantes "constroem bombas falsas de PVC e cones de trânsito"[25], enquanto outros "trazem seus próprios rifles semi-automáticos para os exercícios"[26].

A operação, conduzida durante algumas semanas, com cenas e atividades acontecendo aleatoriamente numa área rural de "4.500 milhas quadradas"[27], é esporádica e imprevisível. As armas lhe emprestam uma atmosfera de aventura. Segundo o roteiro do exército, nenhum soldado real pode carregar munição real. Mas como a Carolina do Norte é um estado de amantes das armas de fogo, seus habitantes seriam tolos se não corressem e buscassem proteção ao primeiro ruído de qualquer arma. Por isso, quando Jessica Keeling "ouviu uma rajada de metralhadora atrás de um posto de gasolina [...] rapidamente trancou as portas, levou para a sala dos fundos os fregueses que estavam jogando videopôquer e discou 911"[28]. Jessica Keeling era uma moradora local que, sem saber, interpretava um papel no que se transformou em uma cena de salvamento de reféns encenada pelo exército na loja de carros vizinha. Outros habitantes locais "não-recrutados" já foram perseguidos e presos por militares que os confundiram com civis fazendo o papel de guerrilheiros. E um casal de idosos foi cercado em casa por soldados camuflados e armados com carabinas M-4.

---

[25] "Tragedy Infiltrates a Bragg Tradition", *The Washington Post*, 3/3/2002, p. A03.

[26] "Play Fighting", cit.

[27] Idem.

[28] Idem.

Numa dramatização realizada em 2002, um incidente se destaca. A ação envolveu três tipos de atores: dois soldados disfarçados de moradores locais e, portanto, vestindo roupas civis; um morador recrutado, que emprestou seu próprio veículo para a encenação, fazendo o papel do motorista dos soldados; e um delegado local que nada sabia sobre a ação. O incidente começou no momento em que o delegado parou o veículo. Presumindo que o delegado fosse um guerrilheiro disfarçado que havia roubado o uniforme de um oficial da lei, os soldados rapidamente abriram suas bolsas, onde se encontrava o que o delegado reconheceu como um rifle desmontado. Reagindo instantaneamente ao que pensou ser uma ameaça, o delegado atirou nos dois homens, matando um deles. O agente da lei real carregava munição real, enquanto os soldados pensavam que se tratava de um ator.

Muito mais complicada que a armadilha de Hamlet, a Operação Robin Sage é uma peça dentro da peça que define o mundo como sua ficção. Enquanto as várias versões do governo paralelo revelam que a verdade é um clone, Robin Sage demonstra que apenas a morte é real. A ação fatal do delegado abre uma caixa de Pandora de significados possíveis. Um deles coloca o delegado no papel de um Hamlet neoconservador, que ataca as fronteiras incertas da vida ao inserir uma farpa de realidade entre a verdade e a ficção. Outra versão veria o delegado como um servidor civil encurralado, que mata um representante de uma força federal maior e mais poderosa numa tentativa de retomar seus direitos de jurisprudência. Nessa leitura, o exército (e não o governo ficcional do país ocupado) é o invasor. Ambas as interpretações possuem conteúdos de verdade, mas nenhuma delas explica o tipo de mundo que existe ao redor de nossas bases militares, onde não há distinção clara entre a vida civil e militar. Os moradores locais são ex-soldados, mulheres de soldados ou trabalham em negócios que ser-

84 • Evidências do real

vem aos soldados. Eles são as sombras cujas vidas reais alimentam as necessidades dos militares que, por sua vez, se vêem como defensores das vidas dos moradores locais.

Ao falar da nova ordem mundial e suas novas formas de guerra, Žižek se pergunta se "não seriam as 'organizações terroristas internacionais' o lado obsceno de uma grande empresa multinacional"[29]. Se de um lado terroristas e corporações contam narrativas diferentes, de outro eles são unidos por uma estrutura comum de desterritorialização global. Dessa perspectiva, ambos demonstram que as contradições expostas por suas narrativas são superadas por uma verdade rizomática que cobre o globo, surgindo aqui e ali com a roupagem de entidades locais e específicas.

As áreas em torno do Fort Bragg na Carolina do Norte podem parecer civis, um emaranhado de floresta de pinheiros, fazendas, campos e cidades abandonadas. Mas a aparência de abandono é desmentida por uma estrutura rizomática de compactação do capitalismo global. Não se trata de uma rede complexa que liga terroristas e corporações multinacionais, mas um microcosmo no mapa onde pontos de diferença são fundidos para produzir entidades híbridas. Aqui, a estrutura rizomática forma uma massa complexa e densa que dá origem a infinitas permutações entre soldados manipulados e DNA civil. Aqui, a sombra da alteridade é subsumida na subjetividade, e o esconderijo é o mundo ao seu redor.

---

[29] Slavoj Žižek, *Bem-vindo ao deserto do Real!*, cit., p. 54.

O MAIOR SHOW DA TERRA

Três anos após os ataques às torres do World Trade Center a experiência de "choque e pavor" vivida por nossa nação deu lugar a um profundo sentimento miasmático de incerteza e medo. A dúvida vem de toda parte e não se limita ao medo iminente de que os terroristas possam atacar novamente. Esse sentimento é em grande medida estimulado pelos meios de comunicação, nos quais abundam o sensacionalismo, as mensagens dúbias e uma quantidade considerável do que poderíamos considerar evidentes mentiras.

Relatórios econômicos diários nos fazem chafurdar alegremente nas promessas de que os cortes de impostos e o consumo nos tirarão da recessão. A Bolsa de Valores está em alta e Wall Street parece ter sobrevivido a revelações de que um grande número de CEOs* são versados na arte da falcatrua. Mas a dívida de nossa nação é estratosférica, o dólar está fraco e parte considerável dos melhores empregos está deixando o país rumo a mercados de trabalho mais baratos. O principal indicador da saúde econômica, o índice de confiança do consumidor, salta

---

* Sigla de Chief Executive Officer [chefe do setor executivo], comumente utilizada na linguagem de negócios; no Brasil equivale ao cargo de diretor-geral. (N. T.)

86 • Evidências do real

como uma bola de pingue-pongue. Como terapia contra o estresse, vamos às compras. Para superar a ansiedade, comemos. Será que os economistas percebem que nosso índice de confiança cresce em proporção direta à nossa absoluta falta de confiança real? Vítimas da confiança, acumulamos o peso morto de compras de produtos não recicláveis e da obesidade.

E há ainda as advertências a respeito de tudo o que é essencial à vida no planeta. Nada é seguro – nem o ar (crescem a quantidade de partículas ínfimas veiculadas por esse meio e os casos de asma) nem a água (uma mistura tóxica de arsênico e MTBE*) e muito menos nossa comida. Qualquer tipo de preocupação que um dia associamos aos pesticidas em nossas frutas e verduras parece empalidecer em comparação aos dramáticos e recentes avisos de que não devemos comer mais de uma porção de salmão ao mês (ele é guarnecido de dioxina) ou duas porções de atum (saturado de mercúrio). E agora que temos nossos primeiros casos comprovados de mal da vaca louca, comer hambúrguer é um convite para participar de um jogo mortal de roleta russa. Mesmo uma guarnição banal como o alho-poró pode mandar centenas de pessoas para o hospital com infecções causadas por *E. coli***.

A multiplicação das incertezas relacionadas à comida pode ter ramificações na cultura frenética de modismos alimentares de nossa nação. A dieta Atkins ganhou a aprovação geral de um país gordo e faminto. Agora podemos comer chocolate – quanto mais escuro, melhor. Ovos também são permitidos, assim como quantidades ilimitadas de carne. Do lado oposto, existem os

---

* Methyl tertiary-butil ether [Éter metil-butil terciário], líquido inflamável usado como aditivo na gasolina sem chumbo a fim de melhorar a combustão do motor. (N. T.)

** *Escherichia coli*. Bactéria bacilar, um dos mais comuns e antigos parasitas do homem. (N. T.)

ascetas da comida, como os *raw fooders** – que vêem o cozimento do alimento como uma corrupção –, e os moderadores de calorias – que levam uma vida de verdadeira inanição para atingir a longevidade. Em comparação com esses exemplos de extremismo, o vegetarianismo tornou-se lugar-comum. Até mesmo o mais rígido veganismo passa despercebido.

Além desses seguidores de modismos, também cresce o número de pessoas alérgicas a certos tipos de comida. Para alguns, um amendoim – mesmo seu cheiro – pode significar morte instantânea. Para outros, uma ostra pode produzir um choque anafilático. Menos dramático, porém mais difundido, é o número de pessoas que vêem uma correlação entre sua dieta e uma série de sintomas crônicos tais como doenças gástricas, dores de cabeça, falta de ar e ataques de pânico. Como uma nação de artistas da fome pós-modernos, forjamos elaborados estratagemas nutricionais a fim de evitar ingerir trigo, laticínios ou pectina. Lemos os ingredientes nos rótulos procurando por espúrios indicadores de glúten ou de proteína do soro de leite**. Monitoramos a quantidade de comida ingerida e policiamos nossas dietas como se o controle sobre nossos corpos pudesse equacionar a ausência de controle sobre todos os outros setores de nossas vidas. Claramente essa equação é um jogo mental que resulta em benefícios apenas enquanto os seguidores de modismos mantêm sua crença nas propriedades fetichistas das enzimas, das vitaminas e dos minerais. Deixar de acreditar significa o risco de se tornar vítima de outra ameaça alimentar de nossa nação: o consumo excessivo de sal, açú-

---

* Literalmente, comedores de comida crua. Adeptos dessa dieta são vegetarianos estritos ou completos que incentivam o consumo diário de alimentos crus, não processados e orgânicos a fim de melhorar o bem-estar. (N. T.)

** *Whey*, no original. (N. E.)

88 • Evidências do real

car e gordura saturada. Nosso movimento rumo ao diabete crônico, que se acredita ser mais perigoso que peixes contaminados e vacas loucas, aumenta as chances de aparição do fantasma da amputação, da cegueira, da doença cardíaca e do derrame cerebral.

Como se a preocupação patológica com a comida não fosse suficiente, ficamos frenéticos com cada novo vírus que aparece no horizonte, traduzindo sua aparição num cenário de ficção científica no qual uma população isolada e insuspeita é vitimizada por uma espécie alienígena. De maneira semelhante ao ataque das abelhas assassinas, o vírus WNV* é visto como uma força invasora empreendendo uma campanha em cada estado do país. Mesmo que os epidemiologistas nos informem que o advento de novas doenças esteja relacionado às alterações climáticas e às dinâmicas dos sistemas de troca globalizados, parece que não estamos aptos a quebrar o encanto do medo irracional. O SARS, a gripe e agora a gripe aviária são exportados pela Ásia enquanto nós, vítimas infelizes, aguardamos a matança. O cenário de um ataque inesperado e fatal funciona como um tropo de antecipação de outro ataque de terroristas estrangeiros. Surpresa e desamparo compõem a experiência vivida por uma sociedade que se imagina autônoma, desligada do restante do mundo, flutuando feliz e a esmo em um mar imaculado. Porém, o medo que atrelamos às doenças tem menos a ver com o tropo do terror e muito mais com as políticas econômicas neoconservadoras daninhas que relegam 44 milhões de norte-americanos ao limbo dos sem seguro saúde. A histeria relacionada a novas doenças nasce do reconhecimento inconsciente de cada norte-americano de que o acesso ao siste-

---

* Sigla para West Nile Virus [Vírus do Nilo Ocidental], vírus encontrado em regiões tropicais e temperadas. A transmissão ao homem e a alguns animais se dá por meio da picada do mosquito contaminado. (N. T.)

O maior show da Terra • 89

ma de saúde é precário, de que não há garantia de pagamento para os dias fora do trabalho em caso de doença e de que a habilidade da nação de contornar uma epidemia real é incerta. A ficção científica revela o medo do real.

Mais frustrante que horripilante é a preocupação da nação com todo tipo de tralha eletrônica. O prazer associado a cada nova aquisição tecnológica entra em choque com crescentes insatisfações: a raiva que sentimos quando o menu do telefone não inclui a opção que nós desesperadamente precisamos, quando uma conta erroneamente calculada ou direcionada impede toda e qualquer tentativa de exercício do arbítrio e pede somente para ser paga ou quando nosso cartão de crédito não registra o pagamento de uma conta mesmo que a fatura tenha sido paga, ou quando o computador quebra, levando consigo tudo o que havia nele. Todas essas frustrações são triviais em comparação ao medo do roubo de identidade: os meios de comunicação inflamam nossos temores com histórias pós-Guerra Fria sobre sinistros *hackers* russos que roubam números de cartão de crédito aos montes e os vendem no atacado, às centenas ou milhares, a compradores ávidos. Existem também histórias de contas bancárias reduzidas a zero em apenas um dia por inescrupulosos zeladores que procuram canhotos no lixo bancário. Não por acaso, o roubo de identidade invoca o medo que a classe média tem de estrangeiros desonestos, ou outras fobias relacionadas à classe ou etnia. Também dramatiza o teor do dilema da classe média no que diz respeito à desconexão. Tendo as trocas diretas sido suplantadas pela tecnologia (um processo instigado por uma economia que prefere investir em *upgrades* tecnológicos em vez de pagar trabalhadores para exercer funções em trocas diretas), colocamos nossos números de identificação no vácuo. A preocupação com o roubo de identidade articula a relutância do sujeito a ser subsumido a um dado numérico.

90 • Evidências do real

Naturalmente, toda preocupação que atrelamos à tecnologia e à economia, à saúde e ao sistema de saúde, meramente amplifica a fonte mais significativa de nosso sentimento nacional de suspeita: o medo de outro atentado terrorista. O ataque às Torres Gêmeas quebrou nosso sentimento encantado de invulnerabilidade e isolamento. Repentinamente, nossa nação se mostrou tão vulnerável quanto outras partes do planeta. Embora o ataque às torres tenha sido um evento único, que não pode jamais ser replicado, sua facticidade implora por repetição. Assim, vivemos à sombra de uma inevitabilidade ainda mais temerosa, já que ninguém pode prever quando ou onde o desastre ocorrerá. A CIA, o FBI, a NSA constituem uma babel da desinformação. As estimativas semeiam dúvida enquanto os órgãos de inteligência se tornam bodes expiatórios para a guerra oportunista de nosso governo.

Nós, os cidadãos da superpotência mundial, nos percebemos impotentes. Em nenhum outro lugar isso é tão abjeto e evidente quanto nas filas para revista nos aeroportos. Voluntariamente despimo-nos, removemos nossos sapatos e passamos por detectores de metais como submissos penitentes. Alguns de nós até felicitam os agentes de segurança por nos julgarem culpados até que os raios x nos provem inocentes. Vivemos sob o terrível poder de ação preventiva de nossa nação com a docilidade resignada de um rebanho de gado. As insinuações e os boatos triunfam. Conversas na internet nos previnem para o fato de que nossas pontes e estações nucleares tornaram-se alvos, uma fé cabalística em numerologia é causa suficiente para o cancelamento de certos vôos intercontinentais e uma piada inoportuna manda um turista francês a Rikers Island*.

---

* A maior prisão da cidade de Nova York. Situa-se na ilha homônima, entre os bairros de Queens e Bronx, próximo ao aeroporto La Guardia. (N. T.)

O maior show da Terra • 91

Dispostos a acreditar no pior e submetidos a um perpétuo estado de pânico, chegamos a conclusões precipitadas. Cada acidente aéreo, cada blecaute é imediatamente atribuído a terroristas. As forças políticas e os meios de comunicação conluiam-se numa campanha de dominação pelo medo. Nosso presidente, vestido como piloto de aviação, pousa em um porta-aviões para proclamar o fim das hostilidades no Iraque. Mas as baixas subseqüentes aumentam, enquanto nossos comboios são presas fáceis dos dispositivos explosivos improvisados. A missão das Nações Unidas explode e centenas de "colaboradores" iraquianos tornam-se alvos. Nesse meio-tempo, Rumsfeld faz asneiras, Powell contradiz seu superior e o comandante-chefe bamboleia como uma marionete sob o comando de Cheney e Halliburton. São essas as imagens que nos fornecem todos os dias. É possível enxergar a vitória nessa fotografia?

Enquanto isso, em casa, o recentemente criado Office of Homeland Security* ajuda a provocar alarme. Rumores tomam a forma de ameaça quando o sistema de alerta salta do amarelo para o laranja. Estariam agindo por capricho ou intencionalmente manipulando o medo da nação? As férias invariavelmente trazem maior alerta. Será porque os terroristas matarão mais norte-americanos durante períodos congestionados de viagem? Ou o governo estará tirando proveito do divertimento familiar para nos colocar na situação de reféns? O fato de acreditarmos que o governo é capaz de manipular o medo salienta ainda mais nosso sentimento de impotência e incerteza. A ideologia da segurança que nos cobre como mortalha dá provas de um aparato estatal repressor. De fato, a segurança é algo compulsó-

---

* Escritório da Segurança Interna. Agência federal cuja principal missão é ajudar a prevenir atos terroristas, respondendo a eles caso ocorram em solo norte-americano. (N. T.)

92 • Evidências do real

rio. A despeito das poucas e corajosas comunidades que rejeitaram os mandados do USA Patriot Act*, a maioria de nós parece disposta a aceitar a prisão sem assistência jurídica, encarceramento sem direito a *habeas corpus*, vigilância sem ordem judicial e um vasto cortejo de técnicas de controle de dados que vasculha desde nossos itinerários de viagem até nossos recibos de compra. Submissos e complacentes, aprendemos a monitorar nosso comportamento. Em breve a revista promovida no aeroporto estará por toda parte.

Arriscar-se é praticamente impossível, além de ilegal. Mas isso não impede que nossas vidas estejam repletas de riscos. Diante do número de norte-americanos que morrem em acidentes de trânsito, conclui-se que nossa ida diária ao trabalho é extremamente arriscada. E se a volatilidade do mercado de ações serve como indicação, nossos investimentos – de fato muitos dos nossos fundos de pensão – são um jogo. E mais, com o câncer, as doenças do coração e o diabetes aparecendo em cada bairro, ter boa saúde parece ser uma questão de sorte. Mas não vivemos nossa vida como uma série de riscos. Fazê-lo significaria questionar a própria natureza das prioridades do capitalismo. O bem-estar jamais seria tão rentável quanto as coisas que transformam nossas vidas em negócios arriscados.

Uma vez que a normalidade da vida cotidiana é comprada por meio da negação de todos os riscos que enfrentamos, sofre-

---

* Ato Patriota. Acrônimo para Uniting and Strengthening America by Providing Appropriate Tools Required to Intercept and Obstruct Terrorism [Unindo e Estreitando os Estados Unidos ao Prover Ferramentas Apropriadas Requeridas para Interceptar e Obstruir o Terrorismo]. Conjunto de leis aprovado em 26 de outubro de 2001, 45 dias após os ataques de 11 de Setembro, que aumenta a regulamentação, o controle e a fiscalização das atividades cotidianas dos cidadãos norte-americanos, exacerbando o poder de policiamento do governo. (N. E.)

O maior show da Terra • 93

mos um choque quando alguém se presta a correr um risco real, emergindo da multidão anestesiada e ansiosa e jogando a prudência pela janela com um ato de puro risco. Todas as versões mercantilizadas e profissionais de risco desovadas pela rede de televisão a cabo ESPN2 são, em comparação, dispositivos vazios. Quão arriscado é o *bungee jumping*, as corridas de carros ou as competições de skate quando vistos à luz do mergulho mortal de Kirk Jones nas cataratas do Niágara?

Sua proeza é um milagre – e uma parábola – do nosso tempo. Das quinze pessoas que se meteram em diversos tipos de barris e se atiraram das cataratas, somente dez sobreviveram. A façanha do sr. Jones é ainda mais assombrosa porque ele se jogou apenas com a roupa do corpo, embora muitos relatos jornalísticos mencionem a parca que ele vestia como explicação para sua sobrevivência. A possibilidade de qualquer um sobreviver a tal proeza deveria ser medida em relação aos mais de quatrocentos suicidas que no decorrer da última metade do século XX pularam a barreira de segurança, assim como Jones, e mergulharam "mais de 170 pés [...] em direção aos profundos redemoinhos e as recortadas rochas garganta abaixo"[1]. Imaginem os espectadores atemorizados que viram Jones flutuando (de acordo com um deles, "Ele estava sorrindo"[2]) e depois o viram desaparecer para emergir incólume na estrondosa torrente.

Essa é uma história de super-herói – um evento que clama por uma recriação digital cinematográfica. Mas não! A incrível vitória do sr. Jones nas cataratas foi objeto de intensa reprovação pública. Um intrépido parceiro de mergulho, que em duas ocasiões sobreviveu às cataratas, uma vez "em um barril atado

---

[1] "'Happy to be Alive,' Survivor of Falls Plunge is Released", *The New York Times*, 24/10/2003, p. B9.

[2] "Niagara Falls Survivor: Stunt was 'Impulsive'", CNN.com, 22/10/2003.

94 • Evidências do real

a tubos e em 1995, quando pulou com sua namorada em um barril improvisado [...] disse que 'o salto de Jones barateia a lenda'"[3]. E Roger Woodward (que inadvertidamente caiu nas cataratas depois de um acidente de barco e sobreviveu sobretudo porque na época tinha sete anos de idade, usava um colete salva-vidas e flutuava como uma rolha) quis apenas manter distância de Jones. Como ele próprio insistiu: "Acho que é uma grande tolice e não quero me envolver em nada disso"[4].

Para piorar as coisas, Jones foi preso assim que resgatado da garganta. Acusado de "má-fé e por desempenhar atos arriscados sem o consentimento da lei"[5], Jones ganhou uma multa de dez mil dólares em vez da fama e da fortuna que procurava. Não é de surpreender que ele tenha retrocedido sobre a natureza de seu ato. Onde havia indícios de confiança e orgulho – ele explicou que "havia feito um prévio reconhecimento da área"[6], que tinha certeza de que "havia um lugar do qual se poderia pular e sobreviver"[7] e que esperava conseguir um lugar no "*Guinness*, o livro dos recordes"[8] – agora, ao contrário, começa a racionalizar sua façanha como o ato desesperado de um homem deprimido pela perda dos negócios da família e por seu próprio desemprego. Não é de admirar. O oficial de justiça que estipulou sua fiança "o preveniu a ficar fora do Canadá,

---

[3] Idem.

[4] "Family Stunned After Son Takes Niagara Fall Plunge and Lives", *The New York Times*, 22/10/2003, p. B1.

[5] "'My Full Intent to End My Life at Those Falls,' Man Who Plunged Over Niagara Grateful for a Second Chance", *Edmonton Journal*, 23/10/2003, p. A9.

[6] "Family Stunned After Son Takes Niagara Falls Plunge and Lives", cit.

[7] "Michigan Man Who Survived Plunge Over Niagara Falls Calls it 'Impulsive Act'", *Canadian Press Newswire*, 22/10/2003.

[8] "'My Full Intent to End My Life at Those Falls'...", cit.

exceto quando em visita ao tribunal"[9]. E mais, o dirigente da Comissão do Parque do Niágara "classificou a proeza de 'estúpida' [e reclamou que o ato de Jones colocou] o departamento de bombeiros e os paramédicos em risco"[10]. Dessa forma, o risco foi revertido e absorvido pelas autoridades que o policiam. De modo similar, todos os registros jornalísticos e televisivos esforçaram-se para transformar o que havia de sensacional e surpreendente no evento numa ladainha de culpa, advertência e censura. Por sorte, o sr. Jones sobreviveu à onda de censura da opinião pública: aparentemente ele se juntou a "uma trupe circense do Texas como o melhor dublê do mundo"[11]. Seu conselho para nós: "quando estiver deprimido, pense no poder do Niágara"[12].

Menos espetacular, mas mesmo assim perigosa, foi a proeza de Charles McKinley. Espremendo seu 1,70 m[13] em um caixote de 36 x 36 centímetros[14], o sr. McKinley despachou a si mesmo do aeroporto de JFK em Nova York para a casa de seus pais em De Soto, no Texas. A proeza na verdade não passou de um capricho, pois McKinley não ofereceu nenhuma explicação sobre o fato de não ter escolhido um meio de transporte mais ortodoxo. Ele parece simplesmente ter se aproveitado do seu emprego de balconista em uma companhia de transportes aéreos para "matar as saudades de casa"[15] às custas de seu empregador. Exemplifi-

---

[9] "Happy to be Alive...", cit.
[10] "Niagara Falls Survivor: Stunt was 'Impulsive'", cit.
[11] "Niagara Falls Survivor Due in Court", *Associated Press State and Local Wire*, 18/12/2003.
[12] "My Full Intent was to End My Life at Those Falls", cit.
[13] "Cargo Crate Stow Away Exposes US Security Gap", *Times*, 11/9/2003, p. 20.
[14] Idem.
[15] Idem.

cando a noção de "aproveitamento ilícito"[16] proposta por Michel De Certeau – a utilização que trabalhadores de escritório fazem do tempo e da tecnologia da companhia para propósitos pessoais –, McKinley enviou a conta de 550 dólares a seu chefe[17].

Como toda carga transportada, McKinley seguiu um itinerário com escalas: do Bronx a Newark, daí a Fort Wane, em Indiana, para em seguida chegar ao aeroporto de Dallas–Fort Worth. De lá ele foi levado de caminhão a casa de seus pais onde o entregador "notou olhos que o encaravam através das fendas do caixote"[18]. Quando a tampa do caixote foi removida, McKinley "saltou para fora"[19], disse olá à mãe "estarrecida"[20] e calmamente entrou na casa.

Ao se despachar como uma carga comum, o sr. McKinley conseguiu o incomum. Na verdade, ele arriscou a vida. Se não tivesse tido a sorte de ser transportado em um avião pressurizado, provavelmente teria morrido. Mas McKinley foi aclamado pela novidade e pelo risco de sua proeza? Ele foi convidado a contar sua história a Jay Leno no *Tonight Show*? Não, esse prêmio coube ao sargento Gregory Artesi do departamento de polícia de Dallas[21]. Como o herói do Niágara, McKilnley foi preso logo depois de sair do caixote. Ele "será processado pelo governo federal"[22]. Além disso, sua prisão alertou as autoridades para

---

[16] Michel De Certeau, The Practice of Everyday Life (Berkeley, University of California Press, 1984).

[17] "Air Cargo Stow Away Shows Security Lapse", *USA Today*, 10/9/2003, p. B1.

[18] Idem.

[19] "Odds and Ends", *Associated Press*, 9/9/2003.

[20] "Cargo Crate Stow Away Exposes US Security Gap", cit.

[21] "Media Frenzy Follows Stow Away Flier", *Houston Chronicle*, 14/9/2003, p. A34.

[22] "Cargo Crate Stow Away Exposes US Security Gap", cit.

O maior show da Terra • 97

o sério problema da falsificação de cheques. Mais uma vez, as forças da lei e da ordem neutralizaram os riscos ao culpar e recriminar o autor da proeza.

Curiosamente, os meios de comunicação, sempre ansiosos por uma história sensacionalista, dessa vez não dramatizaram as dificuldades do ato de McKinley. Em vez disso, todas as notícias aproveitaram a oportunidade para reacender as chamas da ameaça terrorista. Em vez de mostrar McKinley como um brincalhão benevolente, a imprensa o condenou por revelar lapsos de segurança no nosso sistema de transporte aéreo. "Se fosse um terrorista treinado e armado, McKinley poderia ter arremessado o avião contra um edifício como fizeram os seqüestradores em 11 de Setembro."[23] Seu ato provocou pedidos histéricos para que "os pilotos de carga andassem armados"[24], enquanto a Administração de Segurança dos Transportes insistiu no uso de suas "equipes compostas de ex-agentes da CIA e do FBI, assim como membros aposentados das unidades de operações militares especiais"[25] como precaução contra atos semelhantes. Surpreso pela reação negativa que provocou, McKinley afirmou: "jamais pensei que seria acusado de terrorismo"[26].

Menos arriscada, mas igualmente perturbadora, foi a proeza encenada pelo ilusionista profissional David Blaine. Suspenso em uma caixa de vidro sobre o Tâmisa[27], Blaine enfrentou um jejum de 44 dias. É claro que o ilusionista escolheu o lugar onde executaria a proeza de olho tanto na história quanto no

---

[23] "Man Who Shipped Himself Aboard Cargo Plane Exposes Gaps in Security", *Associated Press*, 10/9/2003.

[24] Idem.

[25] "Air Cargo Stow Away Shows Security Lapse", cit.

[26] "Cargo Crate Stow Away Exposes US Security Gap", cit.

[27] "Taking the Blaine", *Irish Times*, 11/10/2003, p. 51.

98 • Evidências do real

desenvolvimento de sua carreira. Ao encenar o jejum ao lado da Torre de Londres, deixou claro que pretendia seguir os passos do mais renomado ilusionista do mundo, Harry Houdini, que cem anos antes havia sido "algemado, preso em uma mala e atirado ao Tâmisa"[28]. O mestre do ilusionismo surgiu intacto para acolher o aplauso da multidão.

Blaine, entretanto, foi objeto de escárnio público. As pessoas "atiravam ovos, bolas de golfe e tinta nele"[29]. Outros o atacaram com aromas tentadores de "comida sendo preparada na rua"[30]. Alguns passantes lhe mostraram "peitos e nádegas"[31]. Certo de atingir notoriedade, senão fama, Blaine encenou sua proeza ao som da promessa de um milhão de libras oferecidas pelo "Channel 4 e pela Sky One TV"[32].

Os jornalistas atribuíram o carnaval de repúdio público ocasionado pela proeza de Blaine a duas causas principais. Primeiro, Blaine parecia estar se aproveitando da greve de fome, estratégia de prisioneiros e excluídos, para os mais rebaixados fins profissionais. Além disso, como é norte-americano, Blaine tornou-se o foco da ira pública em torno "do apoio britânico à invasão norte-americana do Iraque"[33].

Blaine deveria ter aproveitado a dica de Franz Kafka, que pouco tempo depois da proeza de Houdini escreveu *O artista da fome*. Como Blaine, o artista da fome de Kafka era um jejuador profissional. No auge de sua carreira, era objeto de intensa fascinação pública. "As crianças o observavam de boca aberta, segurando-se mutuamente, maravilhadas pela sua pali-

---

[28] Idem.
[29] Idem.
[30] Idem.
[31] Idem.
[32] Idem.
[33] Idem.

dez."[34] Às vezes ele estendia "um braço através das barras para que [os observadores] pudessem sentir como era magro"[35]. E havia "observadores permanentes selecionados pelo público"[36] para assegurar que o artista da fome não tivesse alguma comida escondida. Mas os tempos mudaram. As multidões desapareceram e o artista da fome foi forçado a vender seu número a um circo, onde ficou largado em sua jaula entre outros animais mais interessantes até que seu último jejum cobrou-lhe a vida.

Ao contrário do artista da fome, o senhor Blaine foi levado "ao hospital por uma ambulância"[37] para ingerir suas calorias paulatinamente. Sem dúvida, ele viverá para realizar outras proezas – todas merecedoras de registro no *Guinness*.

As multidões que atormentaram Blaine traduziram em ato político aquilo que o ilusionista concebeu como puro espetáculo. Ao reconhecer que a proeza do ilusionista remetia à realidade sombria de prisioneiros políticos, a multidão vaiou e vociferou para produzir a arte do teatro político. Aquilo que a multidão deve ter pressentido é que Blaine, suspenso em sua caixa de vidro sobre a cidade, parodiava o problema dos 650 detentos confinados em celas solitárias, a milhares de quilômetros, no Camp X-Ray* em Guantánamo. A designação do presídio é incorreta, pois sua função é esconder e não revelar. Nas

---

[34] Franz Kafka, "A Hunger Artist", em *The Penal Colony* (Nova York, Schocken, 1970), p. 244 [ed. bras.: *Um artista da fome/A construção*, São Paulo, Companhia das Letras, 1998].

[35] Idem.

[36] Idem.

[37] "Day 44 – Blaine Emerges", 28/10/2003. Disponível em: <http://www.channel4.com/entertainment/tv/microsites/D/david_blaine/week6/story40.html>.

* Presídio para detenção temporária localizado na base naval norte-americana em Guantánamo. Para essa prisão foram enviados os membros do Talibã e da Al Qaeda capturados durante a Guerra do Afeganistão. (N. E.)

100 • Evidências do real

palavras de um advogado, trata-se de "um buraco negro do ponto de vista legal e moral"[38]. Como antítese direta da exibição pública de Blaine, os prisioneiros de Guantánamo permanecem escondidos e ignorados. Suas celas não são de vidro, mas de "tela de arame"[39]. E ao contrário de Blaine, que é considerado um profissional, eles sequer possuem o estatuto de prisioneiros de guerra. Finalmente, enquanto a proeza de Blaine teve tempo determinado, o espaço de 44 dias, os prisioneiros de Guantánamo estão condenados a um limbo temporal, sem fim previsto. Quando Blaine afirmou que "esperava que o teste o ajudasse a encontrar suas 'verdades'"[40], será que ele sabia que suas verdades se encontravam em outro lugar?

A proeza de Blaine mantém uma relação metafórica com os combatentes do Talibã e da Al Qaeda que chamamos de "combatentes ilegais". Blaine e os detentos são comparáveis em termos gerais, mas são totalmente diferentes no detalhe. A figura que melhor expressa a simultaneidade da replicação e transformação metafóricas é aquela do clone assimétrico. Se o conceito científico popular do processo de clonagem remete à noção horripilante de uma série infinita de replicantes – cada um a imagem exata daquele que o precedeu – a realidade da clonagem é a expressão da diferença. Inúmeros fatores ambientais, assim como o papel do DNA mitocondrial, se combinam para impossibilitar a identidade absoluta. Embora fosse preciso um olho extremamente treinado para perceber as diferenças entre a ovelha Dolly e sua mãe, a maioria dos animais clonados, de

---

[38] "Australian at Guantanamo in 'Legal and Moral Blackhole', Lawyer Says", *The Washington Post*, 15/12/2003, p. A20.

[39] "Guantanamo Bay: A First Hand View of Camp X-Ray", *Federal News Service*, 18/12/2003.

[40] "Magician David Blaine Nears End of Hungry London Vigil", *Associated Press*, 17/10/2003.

ratos a porcos, possui grande variação de detalhes. Assim, embora os testes de DNA[41] provem que Elsie, a vaca clonada a partir de Lady, a última sobrevivente da raça Enderby Island, é "sua duplicata genética", os dois animais possuem cores marcadamente diferentes. Enquanto Lady tem faixas brancas que contornam seu corpo negro, seu clone tem apenas manchas. Elas se parecem apenas naquilo que animais de sua raça têm em comum.

Se o tropo da clonagem assimétrica fornece uma chave que revela a relação metafórica entre um espetáculo gratuito realizado no Primeiro Mundo e o segredo sujo desse mesmo mundo em Guantánamo, ele também revela as identidades políticas implicadas nos casos das proezas de Niágara e do funcionário da empresa de transportes aéreos. O que mais impressionou tanto os jornalistas como os observadores a respeito do feito de Kirk Jones é que ele sobreviveu à queda nas cataratas do Niágara apenas com a roupa do corpo. Para uma cultura fascinada com as soluções tecnológicas e habitualmente equipada com todos os tipos de aparelhos, a vitória sobre as cataratas oferece a prova contraditória de que às vezes a simplicidade é a melhor solução. Pela lógica do clone assimétrico, Jones é a concretização dos seqüestradores do 11 de Setembro, que passaram pela segurança do aeroporto e armados apenas com estiletes tomaram o comando de quatro aviões de transporte de passageiros. Tanto Jones quanto os seqüestradores testaram os limites do auto-sacrifício. O primeiro saiu ileso da aventura aquática. Os outros foram consumidos em um sacrifício de fogo. Esses atos associam a simetria formal à expressão assimétrica.

---

[41] Marie A. Di Berardino, "Animal cloning: The Root to New Genomics in Agriculture and Medicine", *Differentiation*, 2001, p. 78.

102 • Evidências do real

Do mesmo modo, o caso do transporte aéreo de Charles McKinley é a clonagem assimétrica de milhares de imigrantes ilegais enviados aos Estados Unidos por terra e por mar em contêineres. A farsa que motivou McKinley é o outro lado das condições econômicas precárias dos imigrantes. A surpresa agradável com que a mãe de McKinley recebeu o pacote no Texas é o oposto do horror que agentes federais encontraram numa concessionária de caminhões no Texas, onde corpos de imigrantes mexicanos foram encontrados em um trailer abandonado. A verdade da tentativa de McKinley de sabotar o sistema é a realidade do tráfico em larga escala de mão-de-obra barata nos dias de hoje.

Nossa cultura não tem o hábito de ler eventos espantosos e inexplicáveis como signos. Não temos como reconhecer nossos realizadores de proezas como evidências do real, figuras que tocam os mais profundos nervos da História para dar visibilidade àquilo que reprimimos. Por não conseguir ler a verdade na metáfora, não conseguimos viver historicamente. As oportunidades perdidas de nos vermos como manifestações da alteridade que negamos circulam pelos meios de comunicação como eventos incômodos, mas essencialmente triviais.

Poderíamos aprender a ler metaforicamente com o antropólogo Michael Taussig, cujo livro *The Devil and Commodity Fetishism in South America* sinaliza o significado do melhor ilusionista do mundo: o diabo. Ao contrário da crença comum sobre os poderes sobre-humanos do demônio, Taussig descobriu que camponeses bolivianos que afirmavam acreditar no demônio, e até mesmo ter feito pactos com ele, não esperavam obter mais do que "retornos limitados"[42]. Além disso, a crença

---

[42] Michael Taussig, *The Devil and Commodity Fetishism in South America* (Chapel Hill, UNC Press, 1980), p. 13-8.

local afirmava que a riqueza ganha com o pacto é "infrutífera. Ela não pode servir como capital produtivo, deve ser gasta imediatamente"[43]. Os camponeses estavam em apuros, recentemente expulsos de suas terras e reduzidos ao trabalho assalariado pela enorme reestruturação capitalista da produção agrária. Por que eles pensariam no demônio em tais condições limitadas? Foi essa questão que levou Taussig a perceber que os camponeses viam o demônio como mais que um fetiche, mais até do que uma entidade maligna. Na verdade, para eles o demônio era uma poderosa metáfora capaz de explicar o impacto do capitalismo em suas vidas, como um "modo maligno e destrutivo de organizar a vida econômica"[44]. O diabo não era invocado para melhorar, mas para explicar suas vidas. Assim, uma figura estranha da religião ocidental e uma concretização apropriada do motivo do lucro capitalista foi adotada pelos excluídos como meio de expressar sua própria alienação. Nesse caso, o diabo é o clone assimétrico do capitalismo.

Em um nível mais simples e mundano, nossos heróis sinalizam realidades sobre nosso mundo as quais evitamos ou tentamos esconder. Nossa sociedade procura não reconhecer as conseqüências de seus atos no mundo. Reprimimos nossas verdades em um mar de esquecimentos e ansiedade paralisantes. Mas nossos esforços de autopoliciamento não são totalmente bem-sucedidos. Como o corpo de uma vítima de assassinato que emerge à superfície do lago para denunciar o crime, nossos realizadores de proeza vieram à superfície de uma banalidade sufocante. Não por acaso, todos os três atuaram dentro de um mesmo período de três meses, de outubro a dezembro de 2003. Não por coincidência, havíamos acabado de celebrar o segun-

---

[43] Ibidem, p. 94.
[44] Ibidem, p. 17.

104 • Evidências do real

do aniversário do 11 de Setembro. Contra o cenário de uma cerimônia memorial nacional bem orquestrada, os realizadores dessas proezas ofereceram novos e excitantes números – um verdadeiro circo de três picadeiros. Que melhor maneira de quebrar a onda de simpatia pelos mortos e as evocações renovadas do perigo nacional? Mal sabíamos que esses "artistas" testemunhavam as verdades que esperamos que nossos entretenimentos possam apagar.

Temerosos, mas confortados por nosso superpoder nacional, imaginamos um mundo onde os traumas e as desigualdades gritantes acontecem (e são contidos) em outros lugares. Mas o mundo globalizado é contínuo e seus horrores circulam livremente. Se nossos realizadores de proeza são clones assimétricos de um outro horror, eles confirmam a influência de fatores contextuais – o privilégio e a riqueza que permitem que nossa cultura produza proezas, enquanto outros mundos geram seqüestradores, pobres, imigrantes e prisioneiros políticos. Cegos diante da história e sufocados pelo entretenimento, estamos condenados a ler evidências como mero espetáculo.

¿QUIÉN ES MÁS MACHO?

Em meados de 2004 os Estados Unidos começaram a perceber que não haviam vencido a Guerra do Iraque, embora as narrativas televisivas enfatizassem o bem-sucedido término do conflito com dois eventos, ambos encenados de maneira conclusiva: a queda da estátua de Saddam, grotescamente gigantesca, na praça de Firdos (um evento bem melhor coreografado do que a retirada do próprio Saddam do buraco no qual se encontrava, o que prova a noção de Baudrillard de que o virtual é mais convincente que o real) e a aterrissagem de nosso presidente, vestido de pára-quedista, no porta-aviões Abraham Lincoln para anunciar o fim das hostilidades (outro evento virtual). A insurreição que inflamaria uma escalada de seqüestros, decapitações, bombardeamento de carros e zonas proibidas começou a tomar forma. De modo pouco convincente, a administração atribuiu o descontentamento ao rebotalho do Ba'ath e a estrangeiros malévolos. Certamente, nenhuma culpa poderia recair sobre a forma de ocupação, com seu governo pró-cônsul, seus contratos sem licitação para a reconstrução do país, favoráveis apenas aos norte-americanos, e seus empregos lucrativos para trabalhadores temporários estrangeiros.

No epicentro do caos, o programa de televisão *60 Minutes*, da rede norte-americana CBS, jogou uma bomba que faria o

106 • Evidências do real

Iraque explodir no coração da América. A despeito das pressões conjuntas de membros do Pentágono, o programa divulgou fotografias que mostravam atos de tortura, brutais e obscenos, executados por soldados norte-americanos em missão na prisão iraquiana de Abu Ghraib. De modo irrevocável e bastante dramático, as fotografias desmentiam o mito norte-americano consagrado em nossa cultura: o de cidadãos generosos, bons, honrados, tementes a Deus e ligados aos valores da família. Cidadãos que querem apenas difundir as benesses do comércio e da democracia no resto do mundo. As fotografias de Abu Ghraib foram um golpe avassalador em nossa santimonial auto-imagem, efeito que nenhuma outra reportagem sobre as carnificinas da guerra havia antes conseguido. Somos um povo protegido, altamente resguardado das terríveis conseqüências de nossas guerras. Não nos é permitido ver os caixões que chegam a Dover, Delaware. Raramente nos confrontamos com os mutilados que se recuperam nos superlotados hospitais para veteranos de guerra. Relutamos em nos confrontarmos com as cifras que representam os custos da guerra – quatro bilhões de dólares gastos mensalmente –, cuja estimativa total é de trezentos a quinhentos bilhões de dólares, a serem cobrados das gerações futuras em forma de taxas e impostos.

Como se a brutal erupção das mais desavergonhadas formas de tortura em nossas telas de televisão não fosse o suficiente, as fotografias de Abu Ghraib eram ainda mais perturbadoras devido à incongruência que salientavam entre jovens norte-americanos brancos e sorridentes e suas vítimas abjetas. Jovens e viçosas garotas norte-americanas que facilmente passariam por funcionárias da Disney aparecem sorrindo e fazendo o sinal de "positivo" com seus polegares junto a uma pilha de prisioneiros nus, enquanto iraquianos são forçados a se masturbar ou a simular o ato sexual. Estamos falando do mesmo país que teve uma síncope ao ver o seio nu de Janet Jackson. Como então explicar a oficial Lynndie England levando um prisioneiro iraquiano numa coleira?

Slavoj Žižek sustenta a hipótese de que as fotografias de Abu Ghraib nos oferecem um *insight* sobre "o lado obsceno não revelado da cultura popular norte-americana"[1]. Os prisioneiros iraquianos, cujas imagens foram propaladas em nossas telas de televisão e primeiras páginas de jornais, "foram iniciados de modo bastante eficaz na cultura dos Estados Unidos"[2]. E os norte-americanos que viram tais fotografias se inteiraram a respeito da brutalidade que cotidianamente negamos.

Como era de esperar, as imagens suscitaram uma enxurrada de respostas. Estudantes universitários de direita tomaram as fotografias por mera diversão, no velho estilo norte-americano, não muito diferente do que faria um jovem morador de república estudantil participando de uma sessão de trote. Levando-as mais a sério, o Congresso exigiu investigações, nas quais John McCain responsabilizou as forças de controle. Nesse ínterim, o secretário de defesa dos Estados Unidos Donald Rumsfeld, juntamente com um grupo de oficiais militares e da inteligência, procurou culpar um pequeno grupo de "maçãs podres" por todo o ocorrido. Não querendo ser desbaratado, o jornalista Seymour Hersh publicou uma série de reportagens na revista *New Yorker*[3] atribuindo grande parte da culpa pelo ocorrido em Abu Ghraib a um programa especial de caráter fantasmagórico sob o comando do sinistro Stephen Cambone (membro do bando de Rumsfeld), que

---

[1] Slavoj Žižek, "Between Two Deaths," *London Review of Books*, 3/7/2004, p. 19.

[2] Idem.

[3] Seymour M. Hersh, "Torture at Abu Ghraib," *New Yorker*, 10/5/2004, p. 42-7; "Chain of Command," *New Yorker*, 17/5/2004, p. 38-43; "The Gray Zone," *New Yorker*, 24/5/2004, p. 38-44.

108 • Evidências do real

aparentemente operava sem nenhuma impunidade na luta global norte-americana contra o terror, localizando, matando e ocasionalmente extraindo informações.

Da mesma maneira que a maioria das tentativas de explicação para os ocorridos pós-11 de Setembro foi exígua, a imprensa também ofereceu um número reduzido de respostas, por parte dos intelectuais, às fotografias feitas em Abu Ghraib. O ensaio de Žižek foi publicado na *London Review of Books*, enquanto Susan Sontag escreveu em *The New York Times Magazine* e Jean Baudrillard no *Libération*. Todos leram as fotografias como tipicamente norte-americanas, por sua união entre tortura e pornografia. Os três afirmaram que a mais reveladora de todas as imagens não é aquela do corpo dentro de um saco de gelo nem a do homem que se encolhe de medo diante de um cão que o ataca, ou mesmo a do prisioneiro ferido que é suturado por aqueles que o torturaram. Em vez dessas imagens, os três elegeram a fotografia de um homem vestido com uma capa e um capuz, de pé sobre uma caixa, com seus braços estendidos em uma posição estressante e em cujos dedos estavam pendurados fios elétricos. Aparentemente disseram ao prisioneiro que ele seria eletrocutado se caísse da caixa ou movesse os braços. Enquanto as outras imagens captam a vulgaridade obscena da tortura, essa transmite a idéia de dor física e psicológica como uma estética – o sublime pornográfico. De acordo com Žižek, o efeito assombroso da fotografia deriva de sua "encenação teatral"[4]. Tomada por uma fotografia de "arte performática"[5] em um primeiro momento, ele acredita que a imagem remete "às fotografias de Robert Mapplethorpe e a cenas de filmes de David Lynch"[6].

---

[4] Slavoj Žižek, "Between Two Deaths", cit., p. 19.
[5] Idem.
[6] Idem.

A avaliação de Sontag da imagem é mais complicada, já que ela teve acesso a duas versões distintas da mesma fotografia. Uma versão foi editada e mostra apenas a vítima isolada e, por conseqüência, uma figura estetizada. Na imagem original um soldado norte-americano completamente vestido, com um cinto bem apertado ao redor de sua enorme barriga, invade as bordas da imagem. À vontade, desinteressado e indiferente ao desconforto do prisioneiro, ele concentra sua atenção na câmera que tem em mãos, ajustando-a para tirar a próxima fotografia. De modo perspicaz, Sontag, cuja obra inclui ensaios sobre o holocausto, comenta que "imagens nas quais os algozes aparecem ao lado de suas vítimas são extraordinariamente raras"[7]. As exceções que a autora menciona são "algumas das fotografias de linchamento de negros tiradas entre os anos de 1880 e 1930, que mostram norte-americanos (provavelmente brancos), sorrindo de modo malicioso sob o corpo nu e mutilado de uma figura negra de sexo indistinto, pendurado atrás deles em uma árvore"[8].

A apreensão de Baudrillard da imagem é a mais complicada. Chamando-a de "fantasmagórica"[9] por sua reversibilidade, ele vê o prisioneiro ameaçado de ser eletrocutado como um corpo que se torna emblemático do capuz que veste. De modo simbólico, ele concebe a vítima como uma aparição da Ku Klux Klan, vista aqui em anverso – algo como um negativo fotográfico, no qual as vestes negras são o oposto das roupas brancas pertencentes aos membros da KKK. Mais do que simplesmente nos oferecer um negativo da KKK, a fotografia alude, de

---

[7]   Susan Sontag, "Regarding the Torture of Others," *The New York Times Magazine*, 23/5/2004, p. 27.

[8]   Idem.

[9]   Jean Baudrillard, "Pornographie de la Guerre", *Libération*, 19/5/2004.

110 • Evidências do real

maneira inopinada e ardilosa, à associação entre vítima e algoz nessa imagem altamente estetizada. De fato, Baudrillard vê a figura como duplamente reversível quando lê a iconografia da crucificação nos braços abertos do prisioneiro.

Famoso por sua intuição simbólica, Baudrillard não repisa seu *insight* tentando sondar a dupla incongruência entre o muçulmano que representa o Cristo e a vítima de linchamento que personifica a KKK. Como europeu, Baudrillard pode não se sentir obrigado a avaliar as contradições da história norte-americana na sua interpretação. Seria suficiente dizer que, omitindo a especificação histórica, ele lê a figura como um signo. Se lermos a história reintegrando-a no signo, estaremos na posição de compreender a imagem como um ícone que condensa a história que reprimimos (o linchamento) e a história que negamos (a tortura).

A KKK e a cruz, emblemas do vígil protestantismo branco: não são estas as marcas da guerra santa de nosso presidente *cowboy*? O Império Invisível da KKK – que há um século D. W. Griffith retratou em termos heróicos em seu escandalosamente famoso filme *O nascimento de uma nação* – agora insufla nosso império, não tão invisível, enaltecido por ideólogos de direita? Podemos dizer que os sentimentos de ódio temeroso e de inferioridade que encontraram expressão na KKK foram, em algum momento, extintos? Podemos dizer que os fatores sociais da ignorância e da pobreza, que forneceram o necessário combustível para o crescimento da KKK, já foram superados? Resiliente e maleável, a KKK passou por uma série de encarnações desde seus primórdios no século XIX, moldando-se conforme o momento histórico vigente. Mas não importa seu momento ou disfarce, a KKK sempre representou tão-somente a supremacia do homem branco protestante. "Cem por cento norte-americana", é assim que a KKK representa a si mesma. Nesse momento histórico, em que a KKK encontra-se

¿Quién es más macho? • 111

temporariamente inativa e aliada a seitas neofascistas e cristãs, não poderíamos dizer que seu *ethos* expandiu-se para além de suas fronteiras, a fim de saturar a política internacional de nossa nação? As fotografias de Abu Ghraib demonstram que somos a KKK?

Criada logo após a Guerra Civil Americana, a KKK agrupou soldados brancos vencidos, organizando-os em torno de uma rede secreta terrorista. Pregava o ressurgimento da supremacia branca contra as vitórias propostas pelos habitantes do norte reformista (os chamados *scalawags*) e os negros há pouco libertos que supostamente se beneficiaram com a situação. Seria notável – ou meramente histórico – que os insurgentes no Iraque tenham agrupado homens por razões semelhantes e aperfeiçoado as mesmas táticas? Podemos inverter a fotografia do prisioneiro ameaçado de ser eletrocutado, vendo-o em anverso – não mais a vítima, mas agora o Al Zarqawi* vestido e encapuzado. Como o supremo algoz de seu clã, Al Zarqawi se veste com capuz e traje semelhante. Ele também aparece em fotografia, atrás de um ocidental de joelhos prestes a ser decapitado – tudo isso veiculado para consumo mundial pela rede Al Jazira.

Rapto, estupro e tortura faziam parte dos métodos da KKK; a preservação da mulher branca era sua base lógica. Nossos atos de tortura no Iraque e a violação de sítios sagrados e de mulheres muçulmanas produziram uma imagem espelhada da KKK que fez o terror despencar sobre nossas cabeças na época da Guerra Civil. Raptos, decapitações e bombardeios têm como alvo os atuais *scalawags* estrangeiros (empregados temporários, jornalistas e militares) e todos os policiais iraquianos tidos como

---

* Abu Musab Al Zarqawi (20/10/1966 – 7/6/2006) era o líder da Al Qaeda no Iraque; organizou inúmeros atentados, incluindo bombardeios suicidas, assassinatos de soldados, oficiais e civis. (N. T.)

112 • Evidências do real

beneficiários da influência norte-americana. Se a KKK renasceu mais de uma vez, teria ela agora, como num processo de mutação, se transformado em formas gêmeas, uma norte-americana e outra iraquiana, hastes duplas de um DNA terrorista?

A primeira manifestação da KKK durou menos de uma década. Como não era bem organizada, acabou por tornar-se um grupo caótico, composto por diversas gangues e dispersado por seu Grande Mago* em 1870. Renasceu, porém, nos anos 1920, dessa vez não no sul, mas no meio-oeste, o coração da América – e não entre os mais destituídos, mas na classe média. Como explica Kathleen Blee, a KKK materializou as mesmas "idéias e valores que forjaram o modo de vida protestante branco no início do século XX"[10]. Isso significa que eram nativistas, xenófobos e machistas. Como descreveu seu fundador, William J. Simmons, a KKK era uma irmandade para a "verdadeira masculinidade norte-americana"[11] – palavras assustadoramente semelhantes ao atual slogan da nossa marinha. A masculinidade não está no centro do exército norte-americano? Certamente a política em relação aos homossexuais – "não pergunte, não fale" – sugere que homens menos que perfeitos devem permanecer no armário. Quanto à presença de mulheres no masculino meio militar, a KKK dos anos 1920 sugere uma solução em seu catecismo: "A KKK acredita na pureza da feminilidade e no maior grau de liberdade compatível com o mais alto coeficiente de feminilidade, incluindo o sufrágio"[12]. A KKK abriu seus postos para as mulheres na Ku Klux Klan feminina, separada da seita original,

---

* *Grand Wizard*, no original. Título dado ao líder supremo da Ku Klux Klan nos primórdios da seita. (N. E.)

[10] Kathleen Blee, *Women of the Klan* (Berkeley, University of California Press, 1991), p. 17.

[11] Ibidem, p. 19.

[12] Ibidem, p. 49.

mas semelhante a ela. Em contraste, hoje, a era pós-abolição das leis Jim Crow* estipula que as mulheres podem ocupar postos no exército sem recriminação. As possíveis preocupações quanto à reinstauração do serviço militar obrigatório, o que muitos consideram uma questão de tempo, são apaziguadas quando se aponta que o exército seria comandado por seus oficiais da mesma maneira que uma república de estudantes universitários.

Se a comparação entre a KKK e o exército é adequada, deve-se salientar que a KKK desmoronou graças às suas contradições, mais bem resumidas na queda de D. C. Stephenson, líder da KKK de Indiana. Exemplo clássico do que significa ser "cem por cento um homem norte-americano", Stephenson, de olho na política, acumulou poderes para além da KKK. Pregando valores cristãos, porém levando uma vida devassa, foi declarado culpado por rapto, tortura, mutilação e o suicídio de uma jovem assistente social. Possivelmente tomando a *débâcle* de Stephenson como lição, a KKK de hoje reverteu suas antigas posições sobre as mulheres. Muito semelhante aos adeptos da seita Promise Keepers**, a KKK atual "apóia atribuições de gênero tradicionais como as únicas corretas para cristãos tementes a Deus [...] E denuncia ações afirmativas nos termos em que estas restringem os direitos dos homens brancos"[13].

Trazendo à tona o surgimento da KKK, não pretendo sugerir que os soldados norte-americanos que torturaram iraquianos na prisão de Abu Ghraib eram membros de carteirinha da KKK (embora coincidentemente fossem todos brancos e sulistas).

---

* Leis locais e estaduais em vigor entre 1876 e 1967 no sul dos EUA. Pregavam a segregação racial, sobretudo de negros, em todos os locais públicos. (N. T.)

** Promise Keepers é uma organização cristã voltada para homens e fundada no Colorado em 1990. (N. T.)

[13] Kathleen Blee, *Women of the Klan*, cit., p. 176.

114 • Evidências do real

Ao contrário, a imagem fantasmagórica que assombra a fotografia da vítima encapuzada dá a ver que todas essas imagens devem ser lidas como registros de linchamento. Lembremonos da posição de crucificação da vítima, não nos esquecendo de que a KKK "manejava a religião como uma arma de poder terrorista e político"[14]. De fato, a seita via a si mesma como "o braço masculino do protestantismo"[15]. A crucificação simbólica do iraquiano funde de modo bastante evidente seus opressores cristãos com os próprios terroristas que perseguimos. Estes também usam a religião como uma ferramenta do terror para declarar a si próprios o braço vingador de sua religião, o Islã.

Como registros de linchamento, as fotografias sugerem que os valores da KKK impregnam nosso exército. Como então responder pelo alto percentual, no meio militar, de pessoal não branco que, como indivíduos, não podem almejar benefícios semelhantes cabíveis à contraparte branca? Nosso exército, composto apenas por voluntários, pode até aplacar os medos da classe média de uma possível reintrodução do serviço militar obrigatório, mas é desafiado de modo severo pelas necessidades econômicas que marcam o voluntarismo. Assim como Jessica Lynch, que, por não ter conseguido emprego no Wal-Mart, entrou para o exército porque queria economizar dinheiro para cursar uma faculdade, brancos com poder econômico limitado são alvo de recrutamento, assim como hispânicos, índios e afroamericanos, cuja representação no exército em muito excede sua representação na sociedade como um todo. Enquanto a América, e mais especificamente seu exército, se torna a personificação do multiculturalismo, a categoria daqueles que servem como bode expiatório, o "outro" que tememos, o "outro"

---

[14] Ibidem, p. 45.
[15] Idem.

que ameaça nossa supremacia, o "outro" que nos incomoda sexualmente, é agora o muçulmano.

"Você realmente acredita que um grupo de garotos da zona rural da Virgínia decidiu por si próprio fazer isso?"[16] Foi assim que um dos advogados de uma das "maçãs podres" deu a entender que membros mais bem instruídos e superiores na hierarquia do comando do exército certamente saberiam melhor como humilhar um prisioneiro muçulmano. Pode bem ser que os ideólogos neoconservadores do Pentágono tenham esboçado as regras básicas para a tortura sistematizada de prisioneiros iraquianos. Seymour Hersh advoga de maneira convincente que o pessoal do alto escalão civil e militar – do secretário Rumsfeld ao general Miller (idealizador de Guantánamo), até o general Sanchez em Bagdá – todos deram ordens que ignoravam muitas das Convenções de Genebra sobre o tratamento a ser dispensado a prisioneiros militares. Num comentário que ficou bastante conhecido, Rumsfeld, não concebendo que ficar em posição estressante por duas ou quatro horas possa constituir um ato de tortura, declarou que ele próprio normalmente permanece em pé de oito a dez horas por dia. De qualquer modo, sabe-se que uma documentação legal preparada por Alberto Gonzales, conselheiro da Presidência e indicado para o cargo de procurador-geral da República, mantém a impunidade do comandante em exercício no que concerne ao tratamento dos chamados "combatentes ilegais". Mas tudo isso não visa sustentar o ressurgimento da KKK ou sugerir que a seita tomou conta da Casa Branca. Entretanto, todas as forças que um dia encontraram expressão na KKK acham-se novamente contempladas na religiosidade caipira de nosso presidente, que inicialmente descreveu a Guer-

---

[16] Seymour Hersh, *Chain of Command* (Nova York, Harper Collins, 2004), p. 38.

116 • Evidências do real

ra do Iraque como uma cruzada e governa a política externa como um chefe de milícia. De fato, a noção do Destino Manifesto da supremacia norte-americana, articulado há um século nos termos de "uma voz suave e um grande bastão", foi atualizada para o século XXI com amplos direitos de promover guerras por preempção com mísseis do tipo *hellfire*.

E Megan, Sabrina e Lynndie? Onde estão elas nesse contexto? Sorrindo, fazendo sinal de "positivo" com o polegar e, em determinado momento, levando um prisioneiro numa coleira. Seriam elas como as mulheres da KKK, companheiras zelosas de seus parceiros? Ou estariam, como foi sugerido por um habitante do meio-oeste dos Estados Unidos, "tremendamente entediadas [...] para, primeiro, fazer coisas desse tipo e, segundo, fotografá-las"[17]? Assim como inúmeros jovens norte-americanos que se esfalfam em míseros empregos (muitos dos quais em turnos noturnos, como aqueles dos soldados na prisão de Abu Ghraib), será que elas se cansaram de seus jogos eletrônicos e decidiram causar tumulto? As motivações pessoais de Lynndie England eram certamente mais complicadas. Grávida de um de seus co-defensores, ela é testemunha viva de todas as maneiras como as mulheres competem, se resignam e se aprisionam, sempre em relação a modelos de comportamento definidos pelos homens. Será que ela e suas companheiras de regimento se sentiram pressionadas a fazer ou suplantar o que os homens estavam fazendo? Ou simplesmente se deixaram levar, como uma vítima de *date rape** em festa de república de estudantes? Ou talvez gostassem de degradar os homens, humilhando-os enquanto estes eram forçados a se masturbarem, e repletas de alegria diziam "ele está ficando

---

[17] Sasha Abramsky, "Supporting the Troops, Doubting the War," *The Nation*, 4/10/2004, p. 14.

* Designa encontros entre pessoas que já se conhecem ou não e nos quais ocorre estupro após a vítima ser drogada. (N. T.)

excitado"[18] – mesmo que um iraquiano seja um mau substituto para aqueles que de fato exercem o poder. Mas será mesmo que os iraquianos são maus substitutos? Basta lembrar de todas as mulheres que fantasiavam sexualmente com Bin Laden.

As respostas que daríamos a tais perguntas são tão deficientes quanto as próprias perguntas. Isso porque as mulheres figuram mais que seus significados individuais e suas motivações. Num nível mais amplo, elas mobilizam a categoria da feminilidade branca, que esteve no centro de nossa história desde o período da escravidão e, muito provavelmente, desde que os primeiros colonos encontraram os americanos nativos. Puras, vulneráveis e sempre necessitando de proteção, a feminilidade branca proporcionou durante séculos a base lógica da supremacia política branca e masculina. A história de Jessica Lynch, enlatada para consumo no estilo melodrama, retrata uma jovem loura sulista tentando bravamente executar um trabalho de homem num exército masculino. Infelizmente ela é capturada por lascivos iraquianos sem lei. Sem perdão ela é torturada – braços e pernas são quebrados. Como ato final de degradação, ela sofre estupro anal. Esta é a fábula que se infiltrou nos jornais norte-americanos no período inicial da ofensiva de nosso exército, do Kuwait ao Iraque. Que melhor modo de agrupar a nação para um fim comum? Deixe que o setor civil saiba o que está em jogo. Por sorte, há um final feliz: a prisioneira é resgatada – e não porque médicos e enfermeiros iraquianos fizeram o que podiam para mantê-la viva (embora o tenham feito), e não porque os que cuidavam dela descobriram um modo de informar aos norte-americanos o seu paradeiro (embora eles o tenham feito), mas somente porque os destemidos soldados norte-americanos foram resgatá-la, munidos de uma câmera de vídeo para imortali-

---

[18] Seymour Hersh, *Chain of Command*, cit., p. 24.

118 • Evidências do real

zar a façanha. A propaganda política pode não ser extraordinariamente inventiva, mas não poderia haver desculpa inicial melhor do que essa fábula, tremendamente confiável, sobre a feminilidade branca colocada em risco.

De modo contrário, as mulheres nas fotografias de Abu Ghraib mostram-se complacentes com a tortura. São as que promovem atos humilhantes de violência – quiçá são cúmplices, ou mesmo instigadoras. Mas, na medida em que invocam a feminilidade branca (e elas não podem senão fazê-lo dado o caráter de racismo embutido em nossa história), essas mulheres também incorporam a vulnerabilidade do setor civil. Como tal, elas representam uma América inocente e vitimada, não uma nação beligerante ou fomentadora da guerra. E invocam tudo o que Lillian Gish simbolizava há quase um século quando, em *O nascimento de uma nação*, ela encolhia-se de medo, solitária e indefesa, numa cabana sitiada por uma gangue enlouquecida de negros lascivos (a narrativa mestra para o resgate de Jessica Lynch). Em *Hooded Americanism*, David Chalmers descreve a encenação da feminilidade branca posta em risco e seu efeito na platéia:

A tensão torna-se insuportável. Uma passagem orquestral de *Die Walküre* anuncia o agrupamento dos membros da KKK. Um toque de clarim vindo do fosso faz a platéia urrar enquanto os cavaleiros rumam ao resgate. A orquestra combina passagens de *The Hall of the Mountain King* ao som dos cavalos galopando, enquanto a cena se desenrola com imagens intercaladas dos homens da KKK que se aproximam e da pálida heroína na cabana rodeada por negros desvairados.[19]

---

[19] David Mark Chalmers, *Hooded Americanism, The History of the Ku Klux Klan* (Durham, Duke University Press, 1987), p. 26.

Hoje a imprensa desova outra versão da feminilidade em perigo, a *security mom**. Onde o início do século XX imaginou uma viúva ou uma virgem branca sozinha em sua cabana ou entre os restos carbonizados da ancestral residência paroquial, nós, no cume da campanha eleitoral de 2004, apelamos à precária situação das mães brancas que habitam os afluentes subúrbios norte-americanos e que, a despeito de seus maridos e do evidente conforto em suas vidas (filhos limpos e bem vestidos, bairros agradáveis com parques e escolas bem cuidadas, carros grandes e novos), ainda professam o profundo temor com relação à sua segurança. Sem nenhum tom de surpresa, são predominantemente retratadas como defensoras de George Bush, cuja decisão inescusável de empreender a guerra é interpretada como resgate – com ou sem os matizes wagnerianos. Que a *security mom* seja uma construção ideológica é evidente, já que nunca se mostra nenhuma mulher de cor dando depoimentos sobre seus medos quanto a ataques terroristas, nem as próprias *security moms* mencionando os reais motivos pelos quais uma mãe poderia de fato sentir-se apreensiva nos Estados Unidos, a saber, uma economia doméstica precária, custos astronômicos com educação e saúde, desmedida violência doméstica armada e uma indústria alimentícia que aufere lucros graças à obesidade infantil.

Se a leitura das fotografias de Abu Ghraib como registro de linchamento revela a feminilidade branca, preservada no formol da ideologia desde o século XIX até nossos dias, o que deveríamos pensar sobre as mulheres que aparecem nas fotografias quando lemos as imagens como exemplos de pornografia? E pornografia elas certamente são, já que seus pixels tiveram de ser alterados digitalmente para a distribuição das imagens nos Esta-

---

* Termo recente na língua inglesa, se refere às mães norte-americanas extremamente preocupadas com questões ligadas à segurança e ao terrorismo. (N. T.)

120 • Evidências do real

dos Unidos; a genitália dos prisioneiros foi apagada da mesma forma que o seio ofensivo de Janet Jackson foi digitalmente alterado, de modo a tornar-se uma obscura, porém sugestiva mancha. Aparentemente, apenas aqueles que regulam os valores norte-americanos, pessoas como Donald Rumsfeld e Michael Powell, o czar da Comissão Federal de Comunicações, tiveram acesso às fotografias sem remendos, assim como os membros da comissão Meese, que tiveram de passar pelo longo e extenuante processo de folhear centenas de imagens pornográficas para determinar o que deveria ser censurado. Nós, que consumimos as versões liberadas para televisão e imprensa, pudemos fantasiar a respeito das partes dos corpos interditadas. Porém, como Laura Kipnis, autora de *Bound and Gagged*, propõe, "a pornografia é uma forma de fantasia"[20]. Será que os censores percebem que aqueles entre nós que temem – ou veneram – os homens árabes (assim como um dia nos sentimos em relação aos negros do sexo masculino) estão aptos a fantasiarem membros extraordinariamente grandes no lugar da mancha digitalizada?

Ao comentário de Kipnis, eu adicionaria que a pornografia é também uma forma de desestabilização. Comentando o aspecto transgressor da pornografia, Kipnis argumenta:

> a transgressão não é uma coisa simples: é um esforço meticulosamente calculado. Significa conhecer a cultura de traz para frente, reconhecendo suas secretas vergonhas e segredos imundos, sabendo como melhor humilhá-la [...].[21]

Aqueles em postos de comando no exército, que provavelmente treinaram os soldados em como melhor humilhar os pri-

---

[20] Laura Kipnis, *Bound and Gagged* (Durham, Duke University Press, 1999), p. 69.

[21] Ibidem, p. 164

¿*Quién es más macho?* • 121

sioneiros árabes, conheciam os tabus que a cultura muçulmana imputa à nudez e, mais especificamente, à homossexualidade. De modo muito semelhante a um filme pornográfico de baixo custo, os produtores das imagens prepararam a encenação de uma peça sádica. Tomando como referência os filmes *noir*, eles pensaram em utilizar as fotografias como forma de chantagem: os iraquianos deveriam tornar-se seus complacentes espiões, intimidados pela ameaça de que as vergonhosas fotografias viessem a público. O *script* pedia que os norte-americanos, homens e mulheres, assumissem os papéis de heterossexuais. Afinal de contas, o poder é hétero. Os iraquianos atuariam como homossexuais. Eles seriam forçados a se masturbarem, exibindo suas ereções aos norte-americanos e simulando sexo entre si.

Mas esse cenário, claramente calculado para transgredir e humilhar, foge do controle quando levamos em conta a protagonista feminina e nos perguntamos: quem olha para quem? Como norte-americanas, as mulheres atuam necessariamente como heterossexuais. Dessa forma, seus papéis são limitados às categorias tradicionais: ou como as favoritas de seus homens ou como uma recompensa. Ocasionalmente, podem assumir um papel um tanto mais ousado, o de *dominatrix*, mas este também obedece aos dominantes códigos heterossexuais masculinos.

Mas quem domina as fantasias femininas? Elas podem estar olhando para a câmera, mas em quem estão pensando? Quem as leva a fazer o sinal de "positivo"? E quem está ficando excitado: os homens norte-americanos vestidos ou os iraquianos nus?

E, no que diz respeito ao assunto, quem fascina os homens norte-americanos? Certamente não são as mulheres uniformizadas. Como uma forma de fantasia, a pornografia faz uso de gêneros e expectativas ligadas a gêneros, mas não necessariamente limita-se ao *script*.

E mais que isso, a pornografia desenvolve uma série de subtextos de difícil manejo. Pensemos em todas as fantasias

122 • Evidências do real

sexuais e incertezas culturais que a guerra gerou. O que primeiro inflamou os acontecimentos em Falluja foi o fato de soldados norte-americanos ocuparem posições de observação no topo de telhados, o que lhes possibilitava a visão do pátio interno das casas, único lugar ao ar livre onde as mulheres iraquianas podem andar descobertas. Essa vinheta é mais que emblemática dos mal-entendidos entre as culturas, já que desnuda os tabus sexuais. Numa guerra que opõe duas versões de masculinidade distintas entre si, qual delas é a mais "macho"? O árabe que controla suas mulheres, mantendo-as em seu lugar, ditando como se comportarão ou aparecerão em público? Ou o norte-americano, cujas mulheres fazem o que querem, vestem calças, dirigem caminhões e portam armas?

Assim, ao retratar soldados de ambos os sexos como parceiros no crime, as fotografias de Abu Ghraib representariam o mais alto grau de igualdade entre mulheres e homens? Ou seriam essas imagens documentos fotográficos da inferioridade branca masculina e um retrocesso antifeminista? Qual a melhor forma de atingir mulheres soberbas e arrogantes, senão dando-lhes precisamente aquilo que querem – carne negra? Qual a melhor maneira de atingir um negro animalesco que escarnecê-lo com uma mulher que não pode possuir?

Assim como a pornografia sobrepuja seu *script*, ela também não consegue controlar sua platéia ou sua recepção. Se os possíveis destinatários das imagens utilizadas como forma de chantagem eram os membros das famílias dos prisioneiros ou seus empregadores, a platéia das imagens, como num show pornô, eram os soldados (predominantemente do sexo masculino), que receberam e fizeram circular via internet as fotografias. Se no submundo pornográfico o *punctum* para o qual todos olham atentamente é o pênis iraquiano ereto, quem é o mais "*macho*"?

Seguindo a linha de raciocínio de Baudrillard, poderíamos estender a reversibilidade das fotografias, incluindo assim sua dimensão pornográfica. Dessa maneira, as fotografias cuja intenção era transgredir os tabus sexuais muçulmanos (o que elas certamente fazem) também têm efeito bumerangue na cultura do perpetrador, transgredindo os "segredos imundos" da cultura dominante – nossas fobias gêmeas: miscigenação e homossexualidade. Assim como as fotografias pornográficas de Abu Ghraib humilham os prisioneiros, elas também mobilizam subtextos involuntários nos quais a feminilidade branca é desafiada pelo "outro" não-branco e o varonil militar confronta o homoerotismo inerente ao seu próprio meio homossocial.

Numa sociedade civil onde a cultura hegemônica é cuidadosamente tornada ascética, muitos dos norte-americanos que travaram contato com as fotografias encontraram modos de não ter de vê-las. Ao contrário de *The New York Times Magazine* que proclamou "As fotografias somos nós"[22], eles acharam a obscenidade, senão a violência, decididamente alheia aos Estados Unidos. Para nós, pornografia significa uma locadora de vídeo pornô nos confins da cidade ou uma revista erótica escondida atrás do balcão para que mulheres e crianças não se choquem com a ilustração da capa. Até mesmo John Ashcroft, nosso antigo procurador-geral, cuja tarefa era deliberar sobre o que era ou não decente, julgou necessário cobrir a estátua da Justiça em seu gabinete, pois considerava suas vestes muito reveladoras. Mas a pornografia não pode ser inteiramente suprimida, e não apenas porque a Primeira Emenda garante liberdade de expressão. De fato, a pornografia nos assombra, muito provavelmente porque é tão condenada. Experimente acessar o site www.whitehouse.com e verá coisas que George Bush atribuiria ao demônio. Na verdade, a pornografia é abundante na internet. De acordo com um

---

[22] *The New York Times Magazine*, 23/5/2004, primeira página.

124 • Evidências do real

pesquisador, "é o maior sucesso econômico da rede"[23], com rendimentos superiores a cinqüenta milhões de dólares anuais[24]. E mais ainda, a maior parte da pornografia veiculada na internet é produzida por amadores, por vezes grupos de maridos e mulheres. Que forma melhor de incentivar pequenos negócios e o espírito empreendedor norte-americano? Há, ainda, o correio eletrônico e todos aqueles deliciosos *spams*. Qual a nossa surpresa ao nos depararmos com anúncios de medicamentos naturais para aumento peniano, que trazem em destaque desalentadoras imagens do "antes" e formidáveis fotografias do "depois".

Além de versões explícitas, a pornografia torna-se concreta de maneiras jamais reconhecidas pela maioria dos consumidores de cultura. Aqui, não tenho em mente o apresentador de programas de televisão com premissas perversas – um rico solteirão tentando fisgar uma parceira, um *reality show* que oferece a possibilidade da troca de esposas, nem mesmo a transformação metrossexual promovida pelos *Fab Five**, que tentam remodelar completamente a aparência de um heterossexual tido como um incorrigível ignorante. Todos eles flertam com a sexualidade, mas nenhum tem a punção da pornografia.

De acordo com Kipnis, "a pornografia nos enlaça e não nos solta"[25]. Como melhor caracterizar o enorme sucesso do seriado *CSI: Investigação Criminal*, cujas histórias se passam em Las Vegas e alcançaram tamanha popularidade a ponto de gerar dois clones, também exibidos em horário nobre, um ambientado em Miami e outro em Nova York? A série nos oferece

---

[23] Frederick S. Lane, *Obscene Profits, The Entrepreneurs of Pornography in the Cyber Age* (Nova York, Routledge, 2000), p. 34.

[24] Ibidem, p. 115.

* Trata-se dos cinco apresentadores do programa *Queer Eye for the Straight Guy*. (N. T.)

[25] Laura Kipnis, *Bound and Gagged*, cit., p. 161.

detalhes investigativos dos mais fascinantes: uma espécie de história de mistério *à la* Sherlock Holmes arremessada no presente *high-tech*, em que a medicina forense tomou o lugar do raciocínio dedutivo de Holmes. Num mundo real acossado por incertezas, *CSI* oferece prova definitiva de culpa ou inocência na destilação de fluidos corpóreos, análises microscópicas de fibras, sistema computadorizado de identificação digital e, mais especificamente, rastreando evidência genética relacionada ao DNA. Mas o vigor da série advém de algo maior que a transformação da ciência em drama criminal. De fato, *CSI* é pornografia deslocada nos termos da medicina forense. O espectador recebe doses semanais de pêlos pubianos, lençóis impregnados de sêmen e escoriações vaginais causadas por estupro – tudo isso na televisão. E mais, é certo que cada episódio mostrará ao menos um cadáver despido quase por completo, inerte como se estivesse em repouso, aguardando pelos olhos e mãos inquiridores daqueles que o examinarão. A autópsia é uma metáfora da pornografia; e é *hardcore*. *CSI* não se contenta apenas com poses cuidadosamente arranjadas – um corpo lânguido numa cama ou, para gostos mais devassos, corpos cobertos num banheiro. Nem se restringe à superfície do corpo com seus reveladores pêlos e fluidos. Não. Assim como *Hustler*, *CSI* vai fundo. E vai ainda mais fundo, mostrando lugares inesperados do corpo, sondando-o mais profundamente que a câmera vaginal investigativa de Masters e Johnson*. Com a ajuda de animação computadorizada, *CSI* visualiza o caminho de um projétil enquanto este penetra a carne e os órgãos. Não seria isso a derradeira trepada? Pena que o corpo está morto. Mas mortos também estavam alguns dos prisioneiros fotografados

---

* Referência ao casal, formado pelo médico norte-americano William H. Masters e sua assistente Virginia E. Johnson, que a partir dos anos 1960 realizou estudos pioneiros sobre a sexualidade humana. (N. E.)

126 • Evidências do real

em Abu Ghraib. Os soldados sorrindo por cima de um corpo envolto num saco de gelo; nós, em casa, absorvidos pela necrofilia de *CSI* – não estaríamos todos gozando?

O que vai, volta. A circulação das fotografias de Abu Ghraib passa pela pornografia da morte e nos traz de volta ao ponto em que começamos – o linchamento. Não tendo sido inventado pela KKK (posseiros no Oeste enforcavam ladrões de gado; exércitos na Guerra Civil faziam o mesmo com desertores), o linchamento jamais foi convenientemente relegado às margens da sociedade como as locadoras de vídeo pornô, nem nos tempos áureos da KKK, nem agora com Abu Ghraib. Tampouco poderia o linchamento ser compreendido como um ato de perversão de algumas "maçãs podres". Relatos jornalísticos de linchamento executados nos anos 1920 e 1930 invariavelmente relatavam a presença da fina flor da sociedade. Não é assim que nós, enquanto uma nação, gostaríamos de conceber nossos homens e mulheres?

Os soldados em Abu Ghraib usaram suas câmeras digitais para representarem a si e seus atos. A representação se transformou em um artefato cultural. Eles então enviaram suas fotografias aos amigos e até mesmo familiares. Da mesma forma como faziam os fotógrafos nos anos 1920 e 1930 quando documentavam os cidadãos em seus atos de linchamento, disponibilizando suas imagens para compra – freqüentemente no formato de cartões-postais, os quais eram enviados pelos habitantes das cidades nas quais aconteciam os linchamentos a amigos e parentes. Tia Myrtle, que enviou para a família o cartão-postal de um garoto negro de dezesseis anos enforcado em uma árvore, escreveu: "Dê isso a Bud"[26]. Nós, que recebe-

---

[26] James Allen, Hilton Als, John Lewis e Leon F. Litwack, *Without Sanctuary: Lynching Photography in America* (Santa Fe, Twin Palms, 2000), fotos 54 e 55.

mos nossas imagens de Abu Ghraib via CBS, não faríamos parte daquela tão familiar cultura do linchamento?

E quanto a Joe, que enviou um cartão-postal para a mãe, no qual se via o corpo mutilado e carbonizado de Jesse Washington*, pendurado e rodeado por um grupo de habitantes locais: "Este é o churrasco que aconteceu ontem à noite. Estou à esquerda da fotografia, onde se vê a marca de uma cruz. Seu filho, Joe"[27].

E quanto à mãe de um fuzileiro naval que me esboçou em meias palavras e insinuações a história de seu filho enviado para o Iraque. Ele não foi ferido nem dispensado, mas acabou sendo mandado de volta para casa – precisava apenas de descanso. Tem problemas para dormir e não fala muito. A única coisa da qual ele parece gostar é mostrar suas fotografias do Iraque. Lá, entre fotografias turísticas, encontram-se outras imagens: seus amigos, nádegas à mostra, defecando em edifícios iraquianos, provavelmente casas. Ele queria que a mãe as visse. E ela queria que eu soubesse. A pornografia da guerra – quem é realmente *"más macho"*?

---

* Jovem negro condenado pelo assassinato de Lucy Fryer, esposa de um fazendeiro do Texas, em 1916. (N. E.)

[27] James Allen, Hilton Als, John Lewis e Leon F. Litwack, *Without Sanctuary: Lynching Photography in America*, cit., fotos 25 e 26.

Este livro foi composto em Adobe Garamond, em corpo 12/15,
e impresso em papel pólen soft 80g/m², pela gráfica Assahi,
em março de 2008, com tiragem de 1.500 exemplares.